红色阅读　★　元帅交往实录

于俊道■主编

罗荣桓交往纪实

中国社会科学出版社

图书在版编目(CIP)数据

罗荣桓交往纪实 / 于俊道主编. —北京:中国社会科学出版社,2015.8
ISBN 978 - 7 - 5161 - 5749 - 7

Ⅰ.①罗⋯ Ⅱ.①于⋯ Ⅲ.①罗荣桓(1902~1963) - 生平事迹
Ⅳ.①K825.2

中国版本图书馆 CIP 数据核字(2015)第 060900 号

出 版 人	赵剑英
责任编辑	武 云
特约编辑	丁 云
责任校对	张巧梅
责任印制	李寡寡

出 版	中国社会科学出版社
社 址	北京鼓楼西大街甲 158 号
邮 编	100720
网 址	http://www.csspw.cn
发 行 部	010 - 84083685
门 市 部	010 - 84029450
经 销	新华书店及其他书店

印刷装订	北京市昌平新兴胶印厂
版 次	2015 年 8 月第 1 版
印 次	2015 年 9 月第 1 次印刷

开 本	710×1000 1/16
印 张	11.5
字 数	201 千字
定 价	35.00 元

目录 CONTENTS

"荣桓同志是个老实人"

——罗荣桓和毛泽东

一

1937 年 7 月 10 日，荣桓由后方政治部主任调任第一军团政治部主任，正收拾行装，准备到部队去。一天，毛主席派警卫员来叫我到他的住处去。当时，我有点紧张。这是因为在这不久之前，毛主席曾经冲荣桓发过一次脾气。事情是由一位外宾要到延安来引起的。当时荣桓看到毛主席用的被子已经十分破旧了，感到让外宾见到不大好，就叫供给部给毛主席换一床棉被。毛主席见到这床新被子，立即追问是谁让换的。当他得知是荣桓后，就打电话给荣桓，责问为什么要换被子。他在电话里说："我们现在就是这个条件，吃的是小米、高粱米，还是带壳壳的，穿的就是破旧的衣服。为什么盖旧被子就不能见洋人。要另搞一套？"他说话声音很大，虽然有湖南口音，我在电话旁边仍听得清清楚楚的。荣桓接完电话感到毛主席说得很有道理，立即让供给部去把原来那床旧被子再换上。

到了他住的窑洞，毛主席起身招呼我坐下后，很和蔼地说："啊，你就是林月琴同志，都做过什么工作？打过仗吗？"我回答说："我原来是四方面军的，抬过担架，当过宣传员，到川陕后带了一个营的女工兵。"毛主席笑着说："噢，你还是个营长嘛！你们结婚还没有请我吃糖呢。你们那一天用什么来待客？"我回答："宋裕和从西安捎回了半袋洋面，吃了一顿面条。"毛主席风趣地说："怎么，吃面条也不请我？"我忍不住笑了。刚来时的紧张和拘束感一扫而空。接着，毛主席亲切地向我讲起了荣桓的经历和为人。他说，荣桓曾先后在长沙、北京、青岛、广州、武汉等地求学。1972年在武汉大学入了党。在大革命失败后，他受党派遣，到鄂南从事农民运动，组织了通城农民暴动，带了通城、阳崇农民自卫军100多人抢到江西修

水，参加了湘赣秋收起义。几个团一开始都打了败仗，后来便从文家市向湘赣边界的罗霄山脉进军。到三湾改编时，有些人在艰苦的斗争中动摇了，有的甚至不辞而别。荣桓坚定地留了下来，被任命为我军第一批连党代表之一，上了井冈山。古田会议以后，毛泽东提名荣桓为红四军前委委员并建议任命他为第二纵队随党代表，后又任红四军政委。讲到这里，毛主席说："为什么让他当党代表呢？就是因为他老实。"

提到老实，我不由得向毛主席说起荣桓曾向我讲过的他的一段亲身经历。通城暴动以后，农民自卫军见他是个识文断字的大学生，便推举他保管自卫军装在一只皮箱里的现金。队伍从通城向修水转移的途中，荣桓提着这只沉重的箱子，感到十分吃力。这时，有两名农军战士走过来对他说："先生，你辛苦了，我们来帮你提吧！"不由分说便把荣桓提的箱子夺了过去，荣桓看这两人是队里的战士，便松了手。等到宿营时，那两个人连影子也找不到了。荣桓和我谈起此事时说："走进革命队伍里的人也并不是都是来革命的，混饭吃的、找出路的，大有人在。"

毛主席听了哈哈大笑，说："你看，从这件事上，他这个老实人也悟出了一条真理呢！所以他对是和非、正确和错误鉴别得特别分明。"毛主席还告诉我，第四次反"围剿"以后，荣桓被调离部队改任总政的巡视员和动员部长，仍然老老实实为党工作。他在一个地区领导扩大红军，3个月完成扩红3000人的任务，受到中共中央的表彰。接着，毛主席说："荣桓同志是个老实人，可又有很强的原则性，能顾全大局，一向对己严，待人宽。做政治工作就需要这样的干部。当然，老实人免不了受人欺负，这也没有什么，历史总会正确评定人们的功过是非。在世界上要办成几件事，没有老老实实的态度是不行的，我们共产党人都要做老实人。"最后，毛主席关切地问我："你们新婚不久就要离别，我是不是有点残酷？"我立刻回答："这是革命的需要嘛！"毛主席满意地点点头说："好，以前你当宣传员，提着石灰桶刷标语，动员人家送郎当红军，今天你自己也送郎上前线啰！"

从毛主席那里告辞出来，贺子珍送了我一程，她拉着我的手，对我说，她和罗荣桓早在井冈山时期就相识了。她感到荣桓十分忠厚老成。长征之中，她骑了一匹小骡子走得慢，经常掉队。当时荣桓所在部队负责殿后、收容，她经常掉到荣桓所在的部队，荣桓一见她来，立即安排她的宿营、警戒。电话线一架好便打电话向毛主席报告，让毛主席放心。贺子珍说，她掉队到荣桓所在部队就像到了家里一样，感到十分安全。

从毛主席那儿回来，我向荣桓讲了毛主席接见的情景。他是不习惯流露自己感情的。他把毛主席的关怀和褒誉深深埋进心底，加紧了奔赴前线的准备工作。临分别的那一天，他才对我说："我走了，你留在延安好好学习、工作。我们都是共产党员，记住毛主席的话，永远做老实人，忠诚于党的事业。"

二

1942年是山东抗战中最艰苦、最紧张的一年。荣桓曾将这一年比喻为"拂晓前的黑暗"。就在这一年年底，因劳累过度，荣桓得了尿血的病，人日见消瘦，但查不出病因。也是在这个时候，中共中央决定在各根据地内实行党、政、军的一元化领导。中央经过反复酝酿，决定叫荣桓担任山东军区司令员兼政委、一一五师政委兼代师长。但此时荣桓因病情严重，1943年3月11日，他致电中央，请求准许他休息半年。毛主席接到电报，感到十分突然并表示关切，12日，他和朱德复电："你的病情如果还不是很严重，暂时很难休息。"同时建议让荣桓的战友黎玉、萧华等多分担一些工作。从那以后，毛主席对荣桓的健康一直非常关心，经常发电报询问病情，安排治疗和休养。当山东军区新的机构组成以后，毛主席便批准荣桓赴新四军，请当时在新四军工作的国际友人、奥地利籍的泌尿科专家罗生特诊治。我陪同荣桓于这一年5月间到达新四军军部驻地淮南盱眙县黄花塘。罗生特大夫诊断查明，荣桓的肾脏有病变，但究竟是肾癌还是多囊肾，由于缺乏必要的医疗设备，罗生特也无法确诊。这时，国民党派李仙洲率九十二军入鲁反共，山东斗争形势顿时紧张起来。尽管在新四军医疗、休养条件均好于山东，但荣桓在黄花塘仅住了一个多月，便返回山东。这一年秋季，为了就近为荣桓治病，陈毅同志将罗生特派往山东。但当时在山东仍未买到大一点的X光机，罗生特仍做不出正确的诊断。他建议让荣桓秘密赴上海治疗。山东分局研究后发报请示中央。毛主席复电同意，我便陪同荣桓前往新四军三师，准备从那里再通过地下交通线去上海。毛主席发出同意荣桓赴上海的电报后，又很为荣桓的安全而担心，很快于1944年2月8日又发了封电报说："你的病况，中央同志大家关心，因来电所述的病情

甚为严重，故我们复电在山东医治，如不可能则去上海，实含若干冒险性质。究竟近情如何，是否完全不可能在山东医治，又是否完全不可能来延安而非去上海不可，如果去上海又如何去法，均望详告。"毛主席的电报，关怀之情溢于言表。然而，当军区收到这封电报时，我们已经出发了。直到 2 月 27 日我们到达三师驻地，才看到这封电报。荣桓红军时代攻打梅县中，腹部负过重伤，身上有伤痕。毛主席所说"实含若干冒险性质"即指此。荣桓看到这份电报后，即决定不去上海，又返回山东。

到 1945 年，荣桓的病情越来越严重。毛主席考虑到荣桓兼职很多，担子太重，决定将林彪调往山东。8 月 26 日，毛主席亲笔撰稿，致电山东分局："林彪、萧劲光二同志昨日飞抵太行转赴山东。分工：罗荣桓为书记及政委，林彪为司令员，萧劲光为副司令员。如罗因病必须休养时，林代理罗之职务，林、萧均为分局委员。其余不变动。"

然而，到了 9 月 19 日，为了贯彻"向北发展、向南防御"的方针，中央又决定调荣桓去东北工作。此时荣桓因病重已难以支撑下去。他曾向中央提出，希望能休养一个时期，如果一定要去东北，他请求不要让他当部队主要领导人。中央复电，由于斗争需要，东北还是要去，到东北后治疗条件可能要好一些。于是，荣桓便率山东军区部队 6 万余人于 1945 年年底前陆续到达东北。途中，荣桓被任命为东北人民自治军（不久改名为民主联军）第二政委。

到达沈阳后，荣桓立即投入紧张繁忙的工作。待调到东北的部队基本安排就绪后，荣桓抽空到前日本陆军医院做了身体检查，照了 X 光片。日本医生诊断为肾癌，认为必须动手术。罗生特也表示同意，东北局报告给中共中央。当时，前日本陆军医院政治情况我们并不清楚。为了保证安全，毛主席经慎重考虑后，主张让荣桓到驻朝鲜平壤的苏军医院治疗。为此，毛主席还向金日成同志和苏联方面发了电报，做好了安排。我们在平壤，受到了金日成主席的热情接待。

在平壤苏军医院，荣桓的病再次被确诊为肾癌。由于这所医院是野战医院，不具备施行肾切除手术的条件，院方建议尽快去莫斯科治疗。毛主席得知这一情况后立即指示联络部门同苏方联系。1946 年 7 月，我陪同荣桓赴莫斯科。手术进行得很顺利。这一手术保证了荣桓能以比较健康的身体投入解放战争紧张的工作。

　　但是，1949年4、5月间，荣桓在天津视察时，又突然病倒了。他只有左肾，又有高血压、心脏病和动脉硬化。经过辽沈、平津两大战役的紧张工作，有一天他在同一位干部谈话时，突然晕倒了。毛主席得知后决定派保健医生黄树则赴津为荣桓治疗。黄临行前，毛主席给荣桓写了封亲笔信，托黄转交。毛主席在信中要求荣桓在天津安心养病，暂时不要随军南下。毛泽东还用"留得青山在，不愁没柴烧"这样的谚语来安慰和鼓励荣桓，遗憾的是由于"文化大革命"中抄家，这封珍贵的信件已经找不到了。

　　新中国成立以后，毛主席对荣桓的健康仍然十分关心。荣桓在担任总政治部主任兼总干部部部长期间，工作相当繁忙。他经常要到总政和总干机关去办公，时常还要去参加军委召开的会议。由于经常劳累过度，他的病时常发作。有时一个会开完了，他需要靠在沙发上休息好长时间，才能缓过劲来。毛主席知道后，于1950年9月20日，在荣桓上报的一份干部任免书上写道："荣桓同志，你宜少开会，甚至不开会，只和若干干部谈话及批阅文件，对你身体好些，否则难于持久，请考虑。"

　　到1956年，荣桓心绞痛反复发作，他怕贻误工作，便写报告请彭德怀同志转报毛主席，请求辞去总政治部主任职务，毛主席考虑到他的身体状况，同意了他的请求，但在八届一中全会上，由毛主席提名，又选举荣桓为政治局委员。

　　以后，由于身体不好，中央有一些会议，荣桓没有参加，但是1958年3月的成都会议，我陪他去了。会址在成都金牛坝招待所。荣桓参加了一次会议后，毛主席就指示他，会中可以退席，不要勉强坚持下去，可以在宿舍看看文件。有一天，我陪荣桓在院内散步，看到毛主席也在散步。当时，正在除"四害"，到处都在轰赶麻雀。但金牛坝招待所内无人轰赶，因此许多麻雀都飞到招待所里来，唧唧喳喳，十分热闹。我们和毛主席打了招呼后，毛主席挥了挥手说："你们看，麻雀都到这里来避难了。麻雀还有个避难所，比我们当年下井冈山时还好一点。那时我们连个避难所也没有了。"毛主席说到这里又看看我说："还是我说得对吧，我们这位病号可是老实人呀！我喜欢老实人，说老实话、办老实事。"看来，毛主席仍然记得他1937年同我的谈话，他的话似乎就是接着那一次谈话说的。

三

尽管毛主席对荣桓的健康状况十分关心，派最好的医生给他诊治，但是由于当时医学水平的限制，尚不能进行肾移植手术，荣桓的健康每况愈下。到1960年年底，林彪把谭政整下了台，经罗瑞卿和萧华提议，毛主席又决定让荣桓复出，当总政治部主任。荣桓又带病工作了两年多。1963年秋季，不仅血压高，心绞痛时常发作，肾功能也衰竭了，住院不久便报了病危，毛主席指示组织全力抢救。但是，用尽所有办法，抢救无效，荣桓于1963年12月16日下午逝世。

这天晚间，毛主席在中南海颐年堂召集会议听取聂荣臻汇报10年科学技术规划。开会前，毛主席提议与会者起立为荣桓默哀。默哀毕，毛主席说："罗荣桓同志是1902年生的。这个同志有一个优点，很有原则性，对敌人狠；对同志有意见，背后少说，当面多说，不背地议论人，一生始终如一。一个人几十年如一日不容易。原则性强，对党忠诚。对党的团结起了很大作用。"当晚，罗瑞卿同志便让郝治平同志把毛主席的话说给我听。毛主席对荣桓的评价是对我们最大的安慰。

后来我听说，荣桓逝世后，毛主席十分悲痛，几天内都睡不着觉，他写成一首七律《吊罗荣桓同志》：

> 记得当年草上飞，
> 红军队里每相违。
> 长征不是难堪日，
> 战锦方为大问题。
> 斥鷃每闻欺大鸟，
> 昆鸡长笑老鹰非。
> 君今不幸离人世，
> 国有疑难可问谁？

毛主席这首诗在1963年并未发表，发表此诗已是1978年9月，其时毛主席逝世已经两年了。这首诗正如《毛泽东诗词选》的注释者所说，是

"在悲痛的激情中写成的"。这不仅表现在诗的内容上，也表现在诗的书法上面。从诗句看毛主席的激情犹如江河直下，对用词来不及推敲。从书法看，他写时手有点抖，到最后两句，看笔势似乎已经不能成篇了。这一篇的手迹与毛主席同时书写的曹操诗《龟虽寿》之潇洒奔放，形成了强烈对比。

毛主席写这首诗，无论从内容还是从书法看，都说明他在荣桓逝世后一度处于极度悲痛之中。由此可见毛主席和荣桓有着深厚的革命友情。我想，这不仅因为荣桓从秋收起义开始便在毛主席领导下战斗，而且也因为荣桓对毛主席十分尊敬，而毛主席也十分器重荣桓。我这一生中直接同毛主席交谈就有两次，而这两次毛主席都反复强调荣桓老实。我想，毛主席器重荣桓的主要也就在这一点。

（林月琴）

尊敬的良师　可亲的长者

"身经百战摧强敌，留得丰功万古存。"在长期的革命斗争中，罗荣桓同志为我党我军建立了不朽的功勋。毛主席和朱德委员长以深切的悼念之情，将他比作革命风云中的鹏鸟、雄鹰，形象地概括了他的伟大生平。每当我忆起与罗荣桓同志在一起战斗的峥嵘岁月，我都愈来愈强烈地感觉到：他那忠贞赤忱、光明磊落的品质，极像一面火红的旗帜，指引我穿越了战争的烽火硝烟，指引我在革命的征程中不断前进和成长。

一

1930 年，是江西革命根据地猛烈发展的一年。6 月，红四军、红三军、红十二军在长汀合编为红军第一军团，在北上途中，总前委委派我担任红

四军军委青年委员。顶着7月酷暑，我到达了红四军军部所在地——距南昌百公里的刚刚占领的樟树镇。在这里，见到了红四军政治委员罗荣桓同志。他身材魁梧，脸庞略胖，戴一副深度近视眼镜，镜片后一双眸子闪着炽热的光亮，给我的第一个印象是严谨诚挚，和蔼可亲。

那时我才15岁，在政治工作队伍中是最年轻的。而组织却将在红四军里组建共青团的艰巨任务交给了我。当罗政委找我谈话时，我对他说："我刚到部队，对情况不熟悉，还不晓得怎样开展工作……"他微笑着点点头，首先鼓励我说："萧华同志，前一段你在兴国县担任共青团县委书记，工作得不错嘛！"接着，他又针对我刚到部队的具体情况说："这次毛委员调你到红四军，这可与地方团的工作有区别呀。地方上主要是打土豪，分田地，组织少先队、儿童团，进行参战'扩红'工作，而部队团的工作却要着重于对青年士兵进行共产主义教育，鼓舞战斗意志，服从战争需要，为党在部队的政治工作发挥助手作用。在目前这残酷紧张的战争环境里，在我们红军的创业时期，这是为我军思想政治工作打基础当中很重要的一环，可不简单呀！"他又非常具体地嘱咐我，首先把各师、团的青年委员配齐，然后以一部分青年党员为骨干，组织好连队团的支部、小组，建立和健全团的生活。他又嘱咐我，要适合青年特点，通过多样化的方法开展文化活动。要生龙活虎，不能死死板板。要动员团员密切联系群众，在战斗中起模范作用和先锋作用……在罗荣桓政委的亲切鼓励和大力支持下，我们在行军作战的繁忙日子里，仅仅用了个把月的时间，就把红四军的共青团组织普遍建立了起来，各级党委也都配备了青年委员。

罗荣桓同志不仅手把手地教我们如何工作，还手把手地教给我们军事常识，教我们打草鞋，在夜行军中判别方向。有一次夜行军，我第一次碰到尸体，不免有点打怵，罗荣桓同志便鼓励我往前走，不要害怕。我在樟树镇第一次听到枪响，他又告诉我们怎样从子弹的声音判断敌人的方位、远近。他对我说，等你听到子弹的声音，它早已飞过去了。打文家市，缴获了戴斗垣一匹黄骡子。我们又想骑又害怕。罗荣桓同志便吩咐马夫牵稳，鼓励我们大胆上……

罗荣桓同志是个有心人，因为他自己在毛泽东同志亲自领导的工农革命军第一军第一师里任过连、营党代表，从实践中深深体会到政治干部熟悉基层、了解战士的极端重要性，所以也就有意给我下基层锻炼的机会。

在打下吉安以后，因为有更多的青年加入了红军，红四军组建了4个连建制的特务营，罗政委特地要我兼任第三连政治委员。这个连有近百名战士，只有7条枪，其余尽是明晃晃的梭镖。后来有一次在刁坑同敌遭遇，特务营参加了突击战斗。我军打垮了敌人两个团。于是我们换掉了梭镖，全都背上了步枪，心里充满了说不出的喜悦。这期间，罗政委对我的工作抓得很细致，经常指导我怎样发挥党团员的骨干作用，怎样调查研究，怎样与比我年长的连长搞好团结，协同工作……在第一次反"围剿"的战斗中，我们特务营参加了活捉张辉瓒的龙冈战斗，嗣后又乘胜向东追击，参加了歼灭谭道源半个师的东韶战斗。由于我们连在平时特别重视思想政治工作，所以上了战场，全连士气高昂，猛虎一样地冲锋陷阵，深受罗政委的称赞。

1931年4月，在第二次反"围剿"的战斗打响之前，我被任命为特务营政委。我们的部队隐蔽集结于根据地前部的东固地区，离敌人只有40里地。每天清晨，罗政委亲自领着我们爬山，练习抢占山头。那时由于敌人的封锁，我军无油无盐，粮食短缺，罗政委就带着我们利用练兵间隙找野笋、野菜来充饥。在一个漆黑的夜里，我与他一块儿带着松明火把，在水田里为捉泥鳅、抓青蛙的战士们照明。他对我讲："咱们红军的政治工作，在平时就要有意识地、有目的地培养同志们吃苦耐劳的精神，与战士们同甘共苦。一旦上了战场，领导干部就要鼓舞士气，身先士卒，起到表率的作用。这样才能显示政治工作的威力。"

为了适应革命形势的迅速发展，罗荣桓同志向来是重视培养提拔新生力量的。他常说："培养干部只在老干部中打圈子，路子会越走越窄。我们配备干部，不能一律看资格，要重视德才，只要有发展前途，就要认真培养，大胆使用。"抗日战争时期，我们到了山东，罗荣桓同志是115师政委，我是政治部主任，罗荣桓同志仍经常对我说："培养新生力量是带方向性的问题。"师作战科的几个参谋都是参军不久的青年人，缺乏战斗锻炼和实际工作的经验，罗政委就经常帮助他们，不仅对他们起草的文件，详细指点，亲自修改，而且寻找机会，把他们放到尖锐复杂的斗争实践中去进行锻炼。许多当年经过他培养的青年同志，后来都成了我军的高级干部。

罗荣桓同志经常说，培养干部，首先要了解干部，做广大干部的贴心人。有一次他生病，长期下不了床，我去向他汇报工作的时候，发现他对所有的情况几乎都知晓。当我觉着惊奇的时候，罗政委和悦地笑了笑说：

"大伙接二连三地来找我谈心，对我来说，不正好是在病床上进行调查研究的难得机会吗！"接着他又补充说："关心爱护干部，才能为培养干部创造条件，我们可不能'阎王爷开店，鬼都不上门'哟！"

作为一个杰出的政治工作者，罗荣桓同志有极强的原则性。最令我难忘的是在干部队伍受到伤害、受到摧残的时候，他敢于挺身而起，保护革命干部。1931年春，由于"左"倾错误的危害，红军有些部队采用逼供信的方式到处抓AB团，搞得人人自危。有人怀疑我们兴国县入伍的全是AB团，乱抓乱杀，许多与我在家乡一块入伍和被我带出来的好同志、好战友硬是给杀掉了。我是兴国人，当时也就在个别人的怀疑之列。罗荣桓政委对这些无端的怀疑非常气愤，他说："萧华从小就在兴国闹革命，到红四军工作后，也工作得不错嘛，又经过战争的考验，凭什么对他怀疑呢?!"就这样，我被保护了。

二

抗日战争初期，山东人民在全国抗日高潮的推动下，先后在许多地区发动了抗日武装起义，轰轰烈烈的武装斗争蓬勃开展起来。但由于国民党留在该地的正规军和地方军很多，加上王明右倾错误的影响，山东地方党的个别领导同志，没有以主要精力认真发动基本群众，独立自主地建立根据地，山东抗日战争的局面难以进一步打开。1938年4月，山东省委一位同志到达延安，向毛主席汇报山东的情况时，毛主席就答应派一支主力部队去。后来，在中央扩大的六届六中全会上，党中央决定派兵到山东。这个艰巨而光荣的任务就落到了罗荣桓同志的肩上。1938年秋，我奉总部和罗政委之命率领一一五师三四三旅机关和一部分部队，进抵冀鲁边区的乐陵城，整编了当地武装，组成"八路军东进抗日挺进纵队"。翌年3月2日，罗荣桓同志亲率六八六团到达鲁西地区。第二天，便在郓城西北奔袭敌伪重要据点樊坝，全歼敌伪1个团，为创建鲁西根据地奠定了基础。早在1937年9月，一一五师在平型关地区就曾给日军著名的板垣师团以歼灭性打击，因此我们一进入山东即为日军所注目，敌人便寻找各种机会对我进行报复。

对于踏上中国土地的凶恶的日本侵略者，罗荣桓同志总是将它置于历史的长河中，以深邃的政治眼光进行分析的。他有一次对我们说："我们中国 100 多年来的历史反复证明，只有将广大工人、农民、知识分子和其他爱国人士组织起来，艰苦奋斗，才能完成中华民族抗击外来侵略的艰巨任务，才能打败凶恶的日本帝国主义。而组织和领导如此广泛的民族统一战线，只有中国共产党才能担当。因此我们必须坚持毛主席所提出的独立自主的原则，否则山东的抗战工作是没有前途的。"就这样，在罗荣桓同志领导下，山东军区提出了独立自主广泛开展分散性、群众性的游击战争的方针，各部队一面大力发展地方武装，一面实行了主力地方化，组织了许多精干的小分队，像匕首、投枪似的出没在敌人中间，到处钳制敌人，打击敌人。同时又抽调大批人员组成武工队，采取各种斗争形式，深入敌占区开展工作。罗荣桓同志亲自给各个小部队规定任务，指示方法，使他们坚决执行了"避强击弱，避实击虚"，"速打、速决、速走"，"打赚钱仗"等战术原则，我广大军民在山东的土地上伸出无数个铁的拳头，沉重地打击侵略者。另外，我们还广泛地开展了对敌政治攻势，进行瓦解敌伪军的工作，普遍实行伪属登记，宣传我军宽待俘虏的政策，开展"唤子索夫运动"。伪军中谁做了对人民有益的事，就给记一个红点；谁做了坏事，就记一个黑点。红点多的可以赎罪，黑点多的要受到人民武装的惩罚。政治攻势与游击战争相结合的结果是，人民战争的火焰熊熊地燃烧起来了，日本侵略者完全陷入了被动挨打的地位。例如，活跃在鲁南铁路沿线的铁道游击队，断铁路，炸火车，卸开车厢挂钩，就给枣庄、滕县等地敌人以很大威胁。有一次，我穿越敌占区前往太行山，向北方局、总部去汇报工作时，白天就是在距枣庄七八里地的青纱帐里隐伏的，游击队和群众给我们送来了大饼、枣子和米汤；夜间，铁道游击队掩护我们穿越了铁路，群众就在我们过去之后扫净了马蹄印，然后去向日军报"平安"……总之，在短短的时间里，根据地建设得更好了，山东的土地变成了埋葬侵略者的坟墓，我们却像蛟龙归海一样，可以活动自如、神出鬼没地打击敌人。

罗荣桓同志卓越的领导艺术，更集中地体现在指挥广大军民进行反"扫荡"、反"蚕食"的战争当中。

1941 年冬，日本侵略者出于战略上的迫切需要，调动 5 万人马，对沂蒙山区抗日根据地进行空前残酷的所谓"铁壁合围"的大"扫荡"。在相当艰苦的 50 天反"扫荡"中，沂南县的留田突围是最惊险的一幕。敌人出动

了坦克和骑兵，动用了几十门大炮和数百挺轻重机枪，分成十一路从四面八方压向沂蒙山区，把我们一一五师领导机关和集结在留田一带的部队重重包围了。举目望去，大路、小路、山谷、田野，就连放羊的山径上，都是黄溜溜的日本兵。很显然，敌人是不惜血本，孤注一掷，决心要以大于我们20倍的力量置一一五师首脑机关于死地。在军事会议上，大家围着地图对突围方向议论纷纷，有的主张往东，有的提议向北，也有的坚持向西。罗荣桓同志穿着灰棉军装，扎着黄皮带，打着"人"字形绑腿，穿着旧布条打成的草鞋，不言也不语，耐心地听着同志们的分析和争论。大伙争论得难解难分，目光不约而同地投向罗政委。只见他大手一挥，斩钉截铁地说："我的意见应该向南突围！"往南，明明是敌人的心脏临沂呀！对罗荣桓同志的决策，大家感到相当吃惊。罗荣桓同志环视着大伙，眼镜后面的眸子分外有神，他镇定自若地分析道："日军'扫荡'，妄想围歼我们山东的指挥机关，集中兵力向我中心区合围，后方必定空虚，我们乘机插到他的大本营临沂地区，他们是料想不到的，这就叫出其不意，攻其不备。"就这样，我们机关直属部队两三千人马在茫茫夜色里，部队一律枪上刺刀，压满子弹，而且勒住了马嘴，宣布了不许打电筒、不准咳嗽的行动纪律，在仅2里多宽的两山空隙之中向南穿插。那天晚上，我随先头连走在前面，看得见大小山头上火堆连着火堆，火堆旁闪动着敌人巡逻兵的身影……情况果然像罗政委分析的那样，敌人后方空虚，戒备不严，他们也万万没有料到，一一五师会有这样的虎胆。结果是我们没费一枪一弹，安全地、巧妙地跳出了5万敌人的严密包围。

突出重围以后，我们转移到了蒙山地区。罗政委立即安排了反"扫荡"的第二步，他声音洪亮地告诉我们："现在我们要折回头往北走，重新杀回沂蒙的中心根据地去！"他的脸上掠过一丝忧虑，深情而激动地说："同志们，沂蒙山区是咱们的老根据地，那儿的群众与我们血肉相连，前天敌人在那里扑了空，现又在布置新的'合围'，必然要像疯狗一样地在根据地杀人放火，奸淫掳掠。我们要坚决地杀回去，把敌人的主力调出来，粉碎日军的'扫荡'。"我们趁着夜雾往回插。那个晚上，无月无风，一片漆黑，日军恰好又分成七八路，偷偷摸摸地往南反扑了。他们穿着大皮鞋，为了不发出响声，全都在公路两旁的田地里走。我们的侦察排，悄然前进，在前面担任向导的民兵，有的竟然在黑地里摸到了日军头上的钢盔（日军执行命令很机械，不到合围地点，谁也不许打枪）。就这样，在罗荣桓同志的带领下，我军健儿在几路日军的间隙中穿插而过，又杀回了沂蒙根据地，坚持了40多天的战斗，先后打了400余仗，歼灭日伪军6000余众，粉碎了空前的大"扫荡"。表面上看，这种战法很危险，实则很安全。罗荣桓同志骑着他的骏马"花斑豹"，经常在最紧张的时候，带领着我们穿隙插空，声东击西，像飘忽的迅雷闪电，战斗在敌人的心脏里。

作为我军的一位高级将领，罗荣桓同志具备着一个军事家特有的气度和魄力。

记得我们1930年初秋第二次攻打长沙转移到株洲的时候，已是黄昏时分，红军战士们正在吃晚饭。我们和当时任红四军政委的罗荣桓同志围坐在一张方桌旁，边说边笑，正吃得津津有味，突然空中传来了由远及近的"嗡嗡"声，警卫员报告，敌人的飞机来了。大伙劝罗政委避一避，他不慌不忙地说："先让战士们疏散吧。国民党这破飞机，成不了什么气候。"说罢，仍然照旧说笑，照常吃饭。外面相继传来了炸弹的呼啸声、爆炸声，警卫员也再三再四地催促我们隐蔽，就在这时，一颗炸弹穿透房顶，哐当一声落到了我们的饭桌上。说也巧，炸弹未炸，我们的饭盆却给砸翻了，饭菜四溅，灰尘弥漫，大伙目瞪口呆。罗荣桓同志发现那沾满了菜汤的家伙，却原来是一颗迫击炮弹，禁不住开怀大笑起来。他一面笑，一面招呼警卫员："来呀，收拾一下，咱们还要吃饭嘛！"搬走了炮弹，重新上菜盛汤，我们又照样吃饭了。那时候，我就由衷地钦佩罗荣桓同志的胆识和气魄。

抗日时期到了山东，在同凶险狡猾的日本侵略者较量的时候，越是我们的高级司令部，越发为日军"扫荡"的重点目标。这期间，我们简直就是在刀林剑丛中前进的，时时刻刻都处于险境。可罗荣桓同志却是异常的镇定、沉着而老练，望着他的神态、动作，听着他的分析、指点，同志们都觉着有了主心骨，自然会信心倍增。1939年7月底，日军趁我们一一五师进山东不久，集中400余人，携带两门野炮，在鲁西平原上横行霸道，寻找我主力作战。罗荣桓同志亲临前线，布置部队预伏在梁山附近，他自己安详地迈步来到梁山庙前。战斗中，子弹、炮弹不断地在附近飞啸、爆炸，而罗政委一面指挥战斗，一面不停地摇着扇子。直至第二天日军全歼，两门野炮被我缴获之后，他才站起来拍了拍身上的尘土，摇着扇子离开了阵地。"羽扇纶巾，谈笑间，樯橹灰飞烟灭"，长期在罗荣桓同志身边，我们

真切地感受到了我们共产党人战斗精神的火花……

三

在长期的战斗生活中，罗荣桓同志给我留下的是一个实事求是、朴素无华的革命长者的形象。他戴一副近视眼镜，自己又是大学生出身，外表庄重严肃，内心一团火热，对革命赤胆忠心，对同志关怀备至，在红军队伍中，他是最受欢迎的领导人之一。

在红军时期，营以上的主要干部都有一匹马，而罗荣桓政委的马，不是骑着负伤的战士，就是驮着病号；再不，就是摞得高高的枪支和背包。罗荣桓同志自己经常和大家一起走路。没有床，他就和战士们一起睡在稻草堆里，冬天棉衣少，他把自己的棉衣让给战士。他经常对我们说："带兵就要爱兵，从政治上爱，从生活上爱，才能团结一心，战胜敌人。"有时在戎马倥偬的战场上，通信班的小鬼给他送来了急件，他总是高兴地说："来，伸开手掌！"郑重地在他手心写上两个字："收到。"送信的小鬼深情地望着罗荣桓同志，翻身上马，疾驰而去。……新中国成立后，有人问罗荣桓同志："你在山东的那几年，我们大家都感到工作好做，心情舒畅，这是怎么回事？"当时，罗荣桓同志只简要地讲了两句："没有什么特别的，就是实事求是地对待革命，对待同志嘛！"这简单的回答，实际上是罗荣桓同志的革命精神的最真切的写照。

罗荣桓同志的另一个显著特点是严于律己。早在井冈山时期，他就和同志们一起下山背米，上山打柴，同吃红米饭，同喝南瓜汤，养成了艰苦奋斗的习惯。在中央苏区，有一年，因为天气酷热，蚊虫叮咬，许多战士们生了疮，影响了战斗力。当组织上规定大家不要喝生水，不要吃辣椒的时候，身为军团政治部主任的罗荣桓同志，也严格地这样做了。他是湖南人，最喜欢吃辣椒，尤其在物质生活极其菲薄的情况下，能带头不吃辣椒，可不容易呀！到了山东，特别是1942年，久旱不雨，战斗频仍，他又多病，在部队缺食的情况下，他作为高级领导者，仍然带头和我们一块吃地瓜藤和烂梨子做成的煎饼，管理科的同志为了照顾他，想额外弄点小米，他都不允许。罗荣桓同志以身作则不仅仅表现在艰苦奋斗方面，要求部属做到的，他都注意首先从自己做起。在红军时，为了活跃部队的文化生活，他积极支持机关组织了业余剧社（战士剧社的前身）。尽管他本人并不喜欢跳跳蹦蹦，但为了做到官兵同乐，他仍然和聂荣臻、罗瑞卿等同志一道亲自登台演戏。罗荣桓同志的好思想、好作风，既体现在日常生活的琐碎细事中，也体现在兢兢业业的踏实工作中。他做报告、写文章，总是从事实出发，深入浅出，通俗易懂，简要明了，绝无空洞乏味的八股腔，更无哗众取宠的虚浮气。可以说，他是以质朴、求实的精神，赢得了全党同志和全军将士的尊重和钦佩。

人们常说，烈火炼真金，战争的残酷火焰，也严峻地考验着罗荣桓同志的意志和毅力。1945年4月，在延安即将召开中国共产党第七次全国代表大会，罗荣桓同志和我是正式代表，那时候，山东解放区正处在反攻的前夕，罗荣桓同志重病在身，脸色黄黄的，林月琴同志和奥地利医生罗生特一直紧张地守护在他的身边。在这种情况下，如果他去开会，会后可以在延安治病，那里无论是医疗条件还是生活条件，都要比在山东敌后好。可是他却与我相商："我的意见，咱俩请示中央，我们不去参加延安的代表大会了，山东目前处于反攻前夕，有许多准备工作亟须完成，我看我们还是以有力的实际行动来迎接这次大会的召开吧。你看行吗？"就这样，在山东这块富有光荣传统的土地上，罗荣桓同志一直带病坚持到抗日战争最后的胜利。"负病齐鲁扫敌寇"——罗荣桓同志是以惊人的革命毅力与日本侵略者斗争到底的。毛主席说过，我们中华民族有同自己的敌人血战到底的气概，有自立于世界民族之林的能力。从罗荣桓同志长期带病坚持作战的奋斗生涯中，我深深地体会到了这一点。

（萧　华）

实事求是的光辉典范

一

1930年我参军时，罗帅是红四军政委。我一参军就在政委办公厅的政

治训练队。我是由赣西特委介绍到红四军的。一起参军的有我父亲、我和梁仁芥。我们参军后，由四军政治部分配工作。我父亲分配到特务营一连当文书，我和梁仁芥在训练队当学员，训练了一个月后留在办公厅当交通兵，就是现在的通信员。

我当了几个月交通兵后又当服务员，刻蜡版、抄文件、搞油印、收发文件，这就开始熟悉罗帅了。那时我很小，一开始感到他年纪很大，戴着眼镜，比较胖，骑个大骡子，一看就是大人物，其实他才28岁。他又不太爱说话，一开始我们看到他都有点害怕。

我们从吉安出发，第一天到三曲滩，第二天到峡江，连续行军。第一天走了50里，第二天是70里。那时我很小，身体又不健壮，我走累了，在到峡江的路上掉队了。当我赶到宿营地时，已经开饭了。这一顿饭吃的是南瓜，菜已经吃完了。训练队那时和办公厅住在一起。在一家商店里。我坐在门口吃干饭，罗帅坐在柜台里一张小桌子旁吃饭。过了一会儿，罗帅喊我进去，说他有菜。我不好意思去。同志们这个喊，那个推，我扭扭捏捏地去了。菜是一盆辣子炒鸡。我夹了一块辣椒就跑了。这是我第一次和罗帅接触。

以后我分配到办公厅当通信兵，接触就更多了。我们和罗帅一起吃饭，生活上接触多了，感到罗帅很好接近。对我们很关照。那时他直接给我们讲过课。对我们通信兵也直接进行教育。他讲，秘书长讲，秘书也讲。

那时，四军军委开会，不在司令部，也不在政治部，而在政委办公厅。那时罗帅是军委书记。军委书记当到第三次反"围剿"中期，高兴圩战斗之前。这一期间，我已当服务员，也就是小文书、小秘书性质。以前住在机关外头，现在也住在里头了，和罗帅的接触也更为直接。

接着就打高兴圩，同十九路军蒋光鼐、蔡廷锴作战。罗帅骑马走山路不小心，把大脚趾撞伤了，脚化了脓，不能走路，只能骑马。高兴圩战斗，罗帅在第二指挥所，在竹篙岭一个庙里。这一仗打了三天三夜撤了下来。

三次反"围剿"最后一仗在方石岭、白沙消灭韩德勤五十二师，罗帅又到前线指挥。

8、9月间到石城秋溪，军委办公厅和政治部合并，罗帅兼政治部主任。我们也到了政治部。我当了政务科干事。政务科的任务是打土豪，我是干事、技术书记。这一时期打了一些土圩子。

接着我到瑞金学习，成立一军团时我不在家。我回来调到四师，罗帅在军团政治部。打赣州、打漳州直到黎川战斗，我同他不在一起。不过，只要军团部开会，仍有接触。我每次到军团部都要到罗帅那里。

1933 年 1 月，在黎川县三都，我又回政治部，在青年部当干事。

那时的政治工作除宣传鼓动外，还有瓦解敌军工作做得较好。从福建撤出之前，做了很多工作，贴很多标语、撒很多传单……

罗帅在粉碎四次"围剿"之后，1933 年 5、6 月或 7、8 月间调走了。

罗帅人很厚道，关心人。我们当通信员的、当干事的，同他没有界限，吃饭都在一起。政委、秘书长、两个秘书、一个服务员、一个勤务员坐一桌，五六个人一盆菜。

罗帅喜欢吃花生，没有零钱，有时就向通信员借一两个铜板。一分伙食尾子，他就还账，人家不要。于是钱又放到一起，买了鸡大家吃。这是很经常的。

二

罗帅在红大期间，司令部住在龚合镇，政治部住三甲楼，住了差不多有半年。朱瑞同志到二方面军去了，邓小平同志当主任。他对部队教育抓得很紧。在三甲楼，邓小平同志一起床就看书、备课。我们唱歌，他叫我们到远处去唱。他每周给我们讲一次政治经济学。一次供给部邝任农迟到，邓小平同志将他的名字写在黑板上。邓小平同志很严肃，不说笑话，一是一，二是二，很严格。

有一天，邓小平同志说，他要调走了。我问他谁来接替他，他说："罗荣桓。"邓小平同志先走，罗帅后到。老主任回来了，大家都很高兴。他一回来就清理文件、安排改编、准备出发。

1938 年 9 月间，罗帅到延安参加六中全会，11 月回来，传达会议精神。他去得比较早，回来时我已调到教导大队。我是由教导大队到师部听的传达。传达不久，就过同蒲路到晋东南，准备到山东，开展敌后斗争。

1939 年 2 月 18 日离开晋东南，3 月 4 日到泰西，罗帅到山东除开辟根据地外，还要负责给山东地方党传达六中全会精神。在鲁西布置完工作到泰西，然后到分局传达六中全会精神。

罗帅对干部无亲疏厚薄之分。他常说："越熟的干部越要批评。对不熟的干部批评倒要谨慎一些。"

在一一五师和山东军区合并，实行一元化领导后，罗帅对军队建设贡献较大。在干部使用上他十分注意五湖四海，对原山东军区的许多干部予以重用。例如我原任组织部长，一元化领导后，他将我调到军区教导团当政委，而任命原山东军区组织部长谢有法接替我的工作。在精兵简政中他十分注意保留骨干，将一些战斗骨干调到教导团进行培训，同时吸收一些青年知识分子进教导团，为抗战胜利后培养技术干部做准备。他保持主力始终没有放松。不管如何困难，他对这一点抓得很紧。没有主力不行。因为有了主力，日本一投降，很快组织了 8 个主力师，7 个独立旅，52 个独立团。

对一一五师可编多少旅，他心中有数。从人数讲似乎不够，但基础是有的。而山东主力到东北后，新四军又在山东成立了很多部队。山东这方面可以同任何解放区比。

没有事先很好地准备，怎么能很快拿出这么多部队，着急也不行。原因不是别的，而是罗帅有战略思想，不愧为元帅。

罗帅肚量大。人家对他过火的地方，他忍着不说。他对人厚道。罗帅也批评人，凡受过他批评的都认为对自己是教育、有帮助。

三

在解放战争时期和建国以后，我仍在他领导下工作，但不在同一个单位，接触就不如以前频繁了。1961 年年初，我调到总政当副主任，又直接在他手下工作。这时，林彪提出了"带着问题学"那一套，把学习毛泽东思想庸俗化，罗帅同他进行了斗争。我刚到总政，他在同我谈话时就说："带着问题学，就是要到毛选上去找答案，这样提不适当。还是要学立场、观点、方法。"

当时，林彪命令《解放军报》在每期报眼刊登一条毛主席语录，要求其内容与当天报纸版面内容吻合，指导工作。军报负责人李逸民感到有时很不好选，去请示罗荣桓同志。他明确回答：找到可以登，找不到也可以不登。毛主席的著作不可能对现在的什么事情都谈到。

在这一年冬春之交，罗荣桓同志不顾重病在身，同贺龙同志到南方视察工作，到处讲述学习毛主席著作要领会精神实质的观点。针对林彪提出的学毛著要"立竿见影"，他多次对部队的同志说："学习毛主席著作哪能像立根竿子一样马上就见影。""一个青年人，没有经过革命实践，学习就能立竿见影，未免太简单了！"他在长沙政治干部学校还尖锐地指出：绝不能用教条主义方法学毛主席著作。

1961年4月，我列席了军委召开的一次常委会。当讨论《合成军队战斗条例概则》时，条例概则有"带着问题学"的内容。罗荣桓同志发言明确指出："带着问题学毛选，这句话还要考虑，这句话有毛病。"林彪对这句发明权属于他的话，佯作不知，装模作样地问道："这句话在哪里啊？"罗荣桓同志要我将条例中有关的一段话读了一下。林彪又问罗荣桓同志："那你说应该怎么学？"罗荣桓同志坦率地说："应当主要是学习毛主席著作的精神实质。'带着问题学'这句话改掉为好。"林彪听了半晌不吭声，末了才说："不好就去掉嘛！"但林彪以后仍然坚持他的提法。这个问题后来提到了中央书记处。邓小平同志主持的中央书记处旗帜鲜明地支持了罗荣桓同志的主张。因此，邓小平同志和罗荣桓同志都遭到了林彪的嫉恨。"文化大革命"中，林彪授意一些人大肆攻击罗荣桓同志，胡说罗荣桓同志反对带着问题学，就是"反毛泽东思想"。罗荣桓同志长期领导下的总政治部也被诬为"阎王殿"加以彻底砸烂。历史是最公正的审判官。对这场重大原则争论的是非，早已有了公正的结论。

（梁必业）

"你放心走，不要紧"

我第一次见罗帅是在漳州。当时，我、苏精诚、李兆炳、李子芳等几个刚参军的同志从石码到漳州，在芝山一个学校里，向东路军政治部报到。

罗帅在一个亭子里接见了我们。我要求做军事工作，罗帅就将我分到司令部。李兆炳等分到了政治部。

我再一次见到罗帅就在平型关战斗以后了。

在抗日战争和东北解放战争中，我和他的接触就很多了。1938 年晋西的午城、井沟、汾离公路等战斗是罗帅指挥的。林彪已经到延安养伤去了。日寇占领太原以后，大约在四五月间，分三路南下，我军接连打了几次伏击，有一次打掉日军好多汽车，搞了不少的东西。罗帅指挥作战非常沉着，一点也不着急。敌人过来我们走开，然后跟在后面打，搞得敌人很狼狈。在此期间，国民党第一战区司令卫立煌也到了午城，日本人得到情报（可能是卫立煌的密码出了问题），准备来伏击。罗帅派我去和卫立煌联系，告诉他这个情况。卫立煌走的时候，我们还派了一个连掩护他，我们这个连顶住敌人，打得很好。为此，卫立煌对我们很感激，他说过去讲八路军在敌后不抗战是不对的，他回到西安后还给延安送了 100 挺机枪。

到山东以后，罗帅根据中央给他的任务，到太西传达六届六中全会精神。我当时是司令部秘书长，带了一个骑兵连和他一起去。这一路经过的地方是比较危险的。

陆房突围罗帅不在，当时他在六支队，他的东西却丢在里面了，以后打扫战场，我找回了他的一件皮大衣。陆房这一仗打得很危险。张仁初带六八六团打得很顽强，敌人伤亡也不小。被敌人包围以后，陈光和王秉璋先走了。我和黄励各带一路突围出来。敌人包围得很紧，晚上怕我们袭击就彻底集中起来。我们从空隙中比较顺利地突了围。

1945 年由山东去东北，我和罗帅乘一条小汽船过海。同行的有林月琴同志，还带着萧华同志的女儿。晚上从龙口出发，途中遇到苏联的一条兵舰拦住我们。罗帅叫我上舰去和他们联系，我通过翻译，说明我们是共产党，还送给他们几枚毛主席的徽章，他们表示友好，还和罗帅见了面，就让我们走了。我们都穿着便衣（长袍）。第二天下午到达貔子窝上岸，到了本溪，我去前方就和罗帅分开了。

第一次打下四平，罗帅不在前方。打长春时他在。我们撤出四平到达公主岭，罗帅和彭真同志一块从长春出发在公主岭和我们见了面，由长春撤往哈尔滨以后，罗帅出国治病，我去送他，还送给他一个照相机。1948 年 7 月，毛主席提出要南下作战。听说罗帅是坚决拥护，主张按毛主席指示办的，而林彪却想先打长春。

总部南下后，转移到锦州前沿阵地时住在锦州以北的牤牛屯。这段时间，我不在总部，我在义县方向的韩先楚纵队（三纵队），经历了打下义县的全过程。朱瑞同志牺牲时，我在场。当时，义县已经打下，但尚有零星枪声。朱瑞同志和我们在城外一条路上前进。朱瑞个子比较高，怕暴露目标，便下到路边一条沟里走。不料，触雷牺牲。

义县打下后，林彪和罗帅叫我在义县以北路上等他们。他们在路上停下后，要我谈一谈义县敌人的特点和打义县的经验。当时，守锦州和守义县的敌人都是滇军，我们还没有完全摸清其特点。

我向他们汇报：义县的敌人坚守的经验不足，打野战行。当我们向它进攻时，它还出来反冲击，不像国民党的嫡系部队那样龟缩在城市中死守。当然，它每次出来都吃了亏。

林彪和罗帅听了后都笑了一笑。掌握了敌人这个特点，也增加了林彪攻锦州的决心。

我还向他们汇报了攻义县的主要经验，这就是用除尖刀连等部队外，95%的兵力挖交通沟、地道、实行近迫作业。这样可以减少伤亡。如不这样做，在通过开阔地时伤亡就会大。

他们听了立即下令发电报给攻锦州各部队，推广攻打义县的这一经验。攻锦各部队于是将交通沟、地道挖到了锦州城下，减少了伤亡。

他们商量了一下又让我传达口头命令给韩先楚，立即向锦州前进。当时三纵队还在义县休整。韩立即下令出发。我又单独要了一个车赶到总部。这时罗帅已到前面看过地形了。

在总部住了两天以后，罗帅又找我谈话，要我到塔山的四十一军。罗帅对各部队的指挥员的个性和特点一清二楚。罗帅对我说："你去的任务就是协助四十一军死守塔山，一定不要动摇。总部这个战略意图你知道，但部队不一定能理解得了。×××在伤亡大的情况下可能发慌，而×××还缺乏战斗经验。一定要他们坚定信心，一定要死守塔山。"

我理解了罗帅的意图，便奉命到了四十一军。锦州打下后，我回到总部。到辽西会战时，罗帅又派我到营口指挥独二师。但我走到半路，他们已撤离了营口。我回来后又跟韩先楚走。我从韩那里要了一台车进沈阳。

我比总部先到沈阳，林彪和罗帅要我看看总部住哪里。当时部队将房

子都占了，总部的房子还是叫二纵让的。

以后就是进关了。林彪本想在沈阳多住一段时间，进行休整。但在中央催促下，还是很快就去了。根据毛主席指示，部队一开始未走山海关，而是在山海关以西各口过来的。四十一军先走，沿途比较顺利，只打了一些小仗，而且打得很好。以后便按照毛主席指示"围而不打，隔而不围"的方针先包围平津的守敌。

不久，贺晋年部给总部发来电报，说傅作义派人出城了。总部让他们将人送来。总部要我出面接待。傅方来了4人：崔载之、李炳泉（北平的地下党员），还有译电员、报务员各一名。我也带了一名译电员、一名报务员。我同他们谈后到总部向林、罗、聂报告。不久，根据中央精神，告诉傅方，感到他们派出的人分量不够。

于是傅又派周北峰和张东荪出城。这时已打下天津了。我们还将在锦州缴获的长筒靴等衣物送给这两位教授。这时天气已经很冷了。

同周、张的谈判，林、罗、聂都参加了。

一次，邓宝珊也出城了。邓以前便同我们关系较好。邓提出，要我们派一人进城，以免傅放心不下。林和罗都同意了，便将我派进城，住在御河桥附近的日本领事馆，也就是袁世凯签订《二十一条》的地方。

我走前，林、罗、聂直接交给邓宝珊一封信，要邓带给傅。这封信是中央以平津前线司令部林、罗、聂名义起草的，信内严厉批评了傅过去的种种罪行，同时提出了放下武器和出城整编两条办法任其选择。我当时未看，也不知道信的内容。邓看信后表示惊讶，认为如交给傅，傅可能接受不了。邓出于好意，决定暂不交给傅。我未置可否，又向林、罗、聂汇报。林认为邓暂不交傅也可。

我走前，罗帅又找我谈。他说："你放心走，不要紧。横直周围都包住了，他们能把你怎么样？万一谈判破裂，他们扣留了你，我们抓他几个军长、师长，把你换出来就行了。"当时，罗帅已看了那封信，已作了谈判一旦破裂的准备。罗帅的谈话增加了我的信心。

我和邓乘一辆吉普车进德胜门，到了住地一看，空荡荡一座楼就我一个人。傅也怕出事，派了一个连警卫，给我送来两套换洗的衬衣，在一家山东馆子里给我包了饭，吃饭就是我和崔载之二人。

我只身一人，要同总部联系，须通过傅的电台，用他的密码，发往通县他们的谈判代表处再转我们总部。

我在城里住了几天，有些着急，便对崔说，怎么不见傅的部队出城，如果这样拖下去，我就回去。崔立即转告傅。傅以为事先首长对我有交代，谈不成可能要打。其实，事先并无交代。于是，傅立即表示，从明天起，某某部队出城。我立即给总部发报。总部立即通知部队让路，并为傅部指定了驻地。

这时，总部又进来了少数人，林、罗、聂让我出城汇报，问我，那封信邓宝珊交给傅没有。当时，总部看到傅对此信无反应，而此信很快要公布。我回答："这封信内容我不知道，邓看了后说暂时不交，我也没有反对。"于是，他们告诉我，此信很快要见报，要我回城找邓宝珊，问他信交了没有，如未交，立即带着邓去交信。

我通过崔找邓。邓当时住在现在的东四人民市场附近的亲友家里。我见到邓，问他后，知道信尚未交，让他快交。他曾面有难色，但也只好带我去了。傅看到此信后很不满意，他特别不满意于很快公布。但他已无可奈何。我们的信上有日期，并不是他的部队已开始出城后才发出的。他只能埋怨邓转交晚了。而邓晚交实际上对谈判成功客观上是有利的，所以我们也不责备邓。

谈判成功后，由于我先进城，较熟悉，便让我号房子。我给各部队划分了驻扎区域，给总部和林、罗等找了房子，完成了组织上交给我的任务。

（苏　静）

"罗政委刀下留人"

罗荣桓同志是我尊敬的首长，学习的榜样。他对我曾有救命之恩，使我终生难忘，总想写点东西，以表达怀念之情。

一

罗荣桓同志一贯重视部队的政治工作，对我军政治工作建设，功绩卓著，有口皆碑。

在我军创建初期，红军中旧军人成分较多，旧军队的作风对部队影响还很深。古田会议之后，罗荣桓同志就任红四军政委。为贯彻古田会议决议，肃清旧军队的影响，把红军建成新式人民军队，于1931年，第三次反"围剿"后，罗荣桓同志在红四军随营学校创建了政治队，培养基层政治工作骨干。那时我在红四军十二师三十六团当排长，由于是工人出身，还识几个字，就被选入政治队学习。

记得开学那天，罗政委亲临学校。这是我第一次见到罗政委。他那魁梧的身材、严肃的面孔，使我肃然起敬。开学后，听说罗政委要亲自给我们上课，我就想到他那斯文的风度，特别是还戴副眼镜，很像个大知识分子，害怕自己听不懂。可是罗政委一讲，和想象的完全不同，他讲的都是我党我军的事，精辟有力，又具体，又好懂。有时课后还向我们问这问那，和蔼可亲。罗政委给我们讲共产党的性质、红军的任务，讲如何联系群众、帮助地方建立政权，还讲怎样上政治课、办好"列宁室"（像现在的俱乐部），怎样打土豪、筹粮筹款等。学了半年，使我这个参加红军不久，只知道为穷人打天下、冲冲杀杀的排长，懂了很多道理，知道了为什么要在部队开展政治工作和怎样做好政治工作。

1939年春，罗荣桓同志率一一五师主力进入山东。

1940年，一一五师在山东南部开辟了抱犊崮山区根据地，刚刚站稳脚后，罗荣桓同志就着手筹划如何加强部队政治建设，统一思想，提高部队战斗力。他亲自到各部队作调查研究。当时我在一一五师东进支队任支队长。9月，他来到我们支队驻地，住了七八天，对我们的几桩工作很感兴趣。一是他了解到我们和兄弟部队——钟辉、韦国清同志率领的山东纵队南进支队互通情报、互相支援、共同作战。打开邳县后，南进支队派出县长，我们派出地方和武装干部，把邳县搞得很好。他高兴地说，兄弟部队就是要团结，互相配合，都要看到大局和整体。二是当他了解到我们部队弹药很充足时，问我从哪里搞来的。我告诉他，除缴获的外，国民党东北军五十七军万毅旅长送了不少。他马上追问和57军的关系如何？我说，互相尊重，互不侵犯，作战时互相策应，有时他向我们要点经验材料，也支援我们一些子弹。罗政委频频点头说，好哇，这叫懂政策，讲政治。三是他了解到我们部队党员模范作用好，支部领导坚强，士气高涨，他称赞道，我们是党军，党员是要起模范作用的。

当年秋天，一一五师在桃峪召开了旅支干部会议（即高干会）。罗政委在会上提出了"建设铁的模范党军"的号召，并有针对性地规定要贯彻执行党的政策、和群众建立血肉关系、政治团结、灵活果敢、忠诚不屈五条具体标准。在当时提出这样的口号，对我们这些老红军来说，感到格外亲切。因为我们的番号改为国民革命军后，有些人对我们是共产党领导的这一点，观念淡薄了，使部队思想有些混乱。罗政委明确提出这一号召，是非常中肯而及时的。旅支会议后，在山东部队中，以"建设铁的模范党军"为内容，进行了整训。实践证明，这一号召对山东部队加强党的领导、统一思想、坚持抗战，起到了重大作用。

我们支队贯彻"建设铁的模范党军"号召，部队觉悟大有提高。整训时我们编为一一五师教导第五旅，遂即奉命南下支援新四军。于苏北钱家集、丁集连打两个胜仗，在淮海地区站住了脚，随后又横扫涟水，大战陈道口，不到一年时间，和兄弟部队一起，巩固并扩大了淮海根据地，建立了宿县人民政权，部队还评选了"铁的模范党支部"和模范党员。直到1942年冬，教五旅又回到山东抗日根据地。

二

罗荣桓同志无论是执行党的指示，还是处理各种工作，都从实际出发，实事求是，讲求实效。凡是不符合实际的问题，他敢于纠正，敢于负责，表现了一个共产党员的坚强党性。

最使我终生难忘的是1939年，罗荣桓同志纠正湖西"肃托"事件，把我从错误政策的刀口下救了出来。

那时，我是苏鲁豫支队副支队长兼第四大队队长，王凤鸣是支队政治部主任兼四大队政委，我们大队活动在微山湖以西地区（简称湖西地区）。王凤鸣还是湖西区军政委员会书记。1939年夏秋之交，王凤鸣在湖西搞起

了"肃托"。他们采用逼供信的办法，一供十，十供百，一时间，大有"洪洞县里没好人"之势。一个多月，地方上就杀了好几百人。而后又从地方扩大到军队中来。10月中，王凤鸣设诡计，突然把我抓了起来。说有人供出我勾结徐州日本人，还发过电报。这时，王凤鸣他们杀人杀红了眼，根本不找我问明情况，也不听我申辩，一口咬定我是特务，还要我供出同伙。与此同时，他把四大队营的干部和部分连的干部也抓了起来。搞得湖西地区非常紧张，地方和军队人人自危。仅我们两千多人的四大队，一个多星期就跑了六七百。我被抓后不久，有人偷偷告诉我，王凤鸣很快就要对我下毒手了，情况非常严重。我一再要求见王凤鸣和向上级写报告，都遭到了拒绝。那真是"老牛掉到水井里"，有什么劲也使不上了，只能白白等死。于是我横下一条心，等处决时，一定要向群众讲上几句，揭露王凤鸣他们的错误。可是紧张了几天之后，没见动静，空气稍有缓和。一天晚上，警卫排长利用查哨机会，悄悄告诉我："罗政委来了。"我听了之后，顿时百感交集。不由得想到了1930年我刚编入红军第四军十二师三十六团时，那时正在肃AB团，经常抓人、杀人，部队非常紧张。罗政委不相信有那么多AB团，不顾别人反对，指示我们十二师一次就放了30多人，想到当时说的"罗政委刀下留人"，我就感到有救了。不知怎么搞的，我这个打铁汉出身的人，离开家、离开苏区，作战中7次负伤，都没掉过眼泪，这时不由得泪流满面，前思后想，一夜也未入眠。

第二天一早，特派员把我带到罗政委住处。一见到罗政委，心情太激动了，泪如泉涌，放声大哭，不由得就要给罗政委跪下了。罗政委警卫员一把拉住了我，让我坐在凳子上。罗政委说："不要哭，有话慢慢讲嘛!"我也想尽力控制自己的感情，但怎么也控制不住，一直抽泣了十来分钟，才平静下来。

罗政委问我，"肃托"是怎么搞起来的! 你怎样被抓起来的? 说给日本人发电报是怎么回事? 我将情况一一向罗政委作了汇报，并说明我没有电台，四大队的电台和译电员都由王凤鸣控制，我怎么能发电报呢! 罗政委了解了各种情况后，肯定地说："我清楚了，你没问题，回去好好休息，还准备带兵去打仗。"平平常常的几句话，却像一团火，燃烧着我的心。临走时，本想说几句感激罗政委的话，怎奈心情激动，嗓子发紧，一句话也没说出来。

事后我才知道，王凤鸣在四大队搞的这一套，根本没向一一五师师部报告过，罗政委得知消息后，当即给支队部及王凤鸣发了电报，要他立即停止杀人，一切问题等罗政委到后再定。随即，罗政委和山东分局书记郭洪涛同志，从抱犊崮山区出发，行程几百里，穿过津浦路和几道封锁线，星夜赶到湖西地区，纠正了"肃托"的错误，并进行了善后工作。事情已经过去40多年了，每每想起，心有余悸，如果不是罗政委处理问题果断，我早就成为王凤鸣刀下之鬼了。

三

罗荣桓同志是个性格内向的人，看表面很严厉，但一经接触，就会感到他是个热心肠的人。他做干部工作耐心细致，体贴入微。在这方面，我在两次调动工作中深有体会。

1943年山东实行精兵简政，取消了旅的建制，充实主力团。当时我是旅长，原听说精简下来到延安去学习，很高兴。后来又决定精简下来旅级干部到主力团当团长、政委，不少同志产生了思想问题。当时罗荣桓已任山东军区司令员兼政治委员了。他知道后，就找这些同志个别谈话。

罗政委找我谈话时，他的肾病很重，身体虚弱，时而坐坐，时而站站。从分析当前形势开始，说明日军已走下坡路，为适应新形势，必须精兵简政，进而说明精简是暂时的，部队还是要大大发展的，这是退一步进两步的措施。还说叫我去当团长，是精简的需要、打仗的需要，要我把眼光放远些。一席话，使我思想豁朗，心胸开阔，高高兴兴地当团长去了。

第二次是1954年，那时我在朝鲜西海岸指挥部工作。1953年春，军委已任命我为海南军区司令员。因朝鲜前线需要，1954年春，志愿军才准许我去到职。我回国到总干部部换介绍信，不料办公室的同志说不知道这回事。在总干部部接待室坐了一个小时，也没弄出个结果。我给罗荣桓同志打了个电话，他马上要我到他家去。见面后，他先做了一番检讨，说总干部部换了不少新同志，一年前的事可能不清楚。接着他询问了志愿军的一些情况，征求我去海南军区的意见，并告诉我到海南应注意的问题。谈完话，他就打电话把干部部的一位领导同志请来，向他指明我的命令是去年3

月下的，并告诫说，这些老同志路过北京时，领导要亲自接待，这是送上门的政治工作。这位领导同志马上查到命令，开了介绍信，第二天还亲自送我上火车。

1963年6月，我当时任广州军区副司令员，从广州来北京学习。听说罗荣桓同志有病，一个星期天，我去探望他。罗荣桓同志病情较重，我本不想多坐，怕影响他休息。但罗荣桓同志并不放过利用我去看他的机会进行工作。他连连问我广州军区领导班子情况，我一再说没问题。他笑着说："我还是了解一些情况的。"接着他和我谈了解决问题的态度和办法。罗荣桓同志拖着严重的病体，语重心长地和我谈了很久。没想到这次谈话，竟成了罗荣桓同志对我最后的教诲。

（梁兴初）

"你到特务团去当主任"

过腊子口编组陕甘支队之后，我调到一军团政治部组织部当巡视团主任，这时，罗帅是政治部副主任，朱瑞同志是主任。到直罗镇以后，我就到教导营去了。1936年6月，我到红大一科去学习。这时罗帅是红大一科政委。一科在保安东南一公里的半山坡上。那里不知哪一个朝代修了几十个石窑洞，这就是我们的校址。

我们一科都是团或相当于团以上干部，中央对我们很重视，让我们每周能吃到一头猪，或者是一只羊。这在当时是很不简单的。罗帅让我们去集市去买猪买羊。我们走到几十里外，买回了十几头猪，几十只羊。罗帅很高兴，表扬了我们。

罗帅不太好动，跳跳蹦蹦的事他不干，业余时间他就是散散步、看看书。除了规定的学习文件外，他不知道从哪里找来几本马列主义著作，认真阅读，有时还给我们作辅导。

我们这30多人中，年纪最大的是周建平，最小的可能算是我，绝大部分学员都只20来岁，都很好动。但是在那山沟里，没有什么文体活动。一天，罗帅叫人不知从哪里找来一只土羊皮缝制的篮球。他把张爱萍、莫文骅、贺晋年、彭雪枫等同志找去，商量组织打球的事。大家说："没有球架、球筐，也没有球场啊！"罗帅说："这好办。没有球架，买四根柱子。没有球筐，找两个桶箍，用绳子绑在柱子上。没有球场，自己动手平。"我本来不会打球，但看这活动很有意思，也积极参加了。

打球开展起来了，罗帅又找我们商量："你们看看，可以不可以演戏。"张爱萍、莫文骅、童小鹏和我几个人凑在一起商量。决定由彭加仑写剧本，然后排戏。没有女同志，就由童小鹏扮女角，罗保连扮男角，我扮红军战士。戏的内容记不清了，大约是反映拥军爱民的。对这个戏，罗帅亲自审查，并作了修改。这个戏演出的时候，看的人还不少，一些老同志看得蛮有兴趣。

西安事变以后，一科的学员如洪水、张经武等大部分同志陆陆续续调走了。有的到了抗日前线，有的去跟周副主席搞统战工作。这时延安解放，成立了后方政治部，罗帅当主任，把我留在后方政治部当巡视员。巡视员没有多少工作。在后方政治部将近半年，我和蔡顺礼只到二十五军六团检查过一次工作。我到了团部同王平讲，罗主任到红大时就将骡子交了，现在没有牲口。王平挑了两匹好马给我。我和蔡顺礼一人骑一匹，回到政治部，将马交给罗帅。罗帅留了一匹大红马，另一匹不知给谁了。从此罗帅就经常在延安练骑马。

我们没工作干，看着干部一批一批往前方调，很眼馋。开始不好意思讲，时间长了就憋不住了。吃饭的时候，我对罗帅说："罗主任，为什么还不叫我们走啊？"罗帅只是笑笑，不吭气儿。以后我就常对他说："叫我们走吧，干什么都可以。"罗主任就说："你急什么？还怕没有你的工作？"我和蔡顺礼又专门给他写了信。罗帅答复："肖文玖，你们的信我看了，那么急干什么？有的是事情干。"

后来，他看我们实在留不住了，对我说："肖文玖，你这个人为什么死乞白赖要走呢？你怕没有事干？我也知道留不住了，你走吧。"我向他作揖。他说："你到特务团去当主任。特务团的任务是保护总部首长。希望你好好工作，好好学习，首要任务是把总部首长的安全搞好。"

过了两天，下了命令。我就离开他了。现在回头看，他留我们几个年

轻人，可能是要打算带我们到敌后去的。因为我执意要走，以后就到了晋察冀。

（肖文玖）

"祝你这个小主任工作顺利"

1934 年夏天，在江西瑞金，设在森林里的红军大学沸腾了，我们从各部队调来学习的干部就要结业了，焦急地等待重新分配到前线去工作。当时，第五次反"围剿"的战斗，已经打了大半年，但仍然没有取得胜利，形势很紧张。这时候，我接到命令，派我到守卫南线的红二十二师担任政治部主任。第二天，我吃过午饭，步行到军委总政治部领受任务。

总政治部驻在瑞金城西面一家地主的院子里。我走进一间集体办公的大房子，巡视员罗荣桓同志让我在一条木凳上坐下，他自己也坐在一张小木凳上。我多少有点拘束，端端正正地坐着，掏出小记事本，等待他作指示。罗荣桓同志微微地笑了，用他自己喝茶的搪瓷缸，从茶壶里倒了一杯茶，送到我面前，要我歇口气，下下汗。

罗荣桓同志端详了我一会儿，大概看我年纪很小，问道："你今年多大了？"

我回答说："19 岁。"

罗荣桓同志说："你原来在六军团当过青年部长，好，小青年部长，现在要去干大事了。"

罗荣桓同志原来是一军团政治部主任，在红军中是赫赫有名的首长，宁都会议以后，因为他跟随毛泽东同志，被指责为"经验派"而撤职了。没想到他是这样平易近人。

我说："我从来没做过这么重要的工作，心里发虚，胆怯得很。"

罗荣桓同志鼓励说："怕什么，青年人要大着胆子去闯嘛。哪个从娘肚子里一出世就会做工作呢，做起来就学会了，你经过'红大'学习，把学到的知识用到实际中间去，会做好工作的。"

听了他的话，心里觉得踏实了。罗荣桓同志送我出来时，一边走，一边说："一是做好党的工作，二是做好群众工作，三是做好敌军工作，都不是什么新发明，是我们工农红军打胜仗的好办法，要根据实际情况，灵活运用。"到了门口，他紧紧握住我的手，说："祝你这个小主任工作顺利！我们会帮助你的。"

3 天之后，我来到二十二师师部。

当时，在会昌、平远、吉潭、寻乌、武平、澄江一带，由于土改中执行"左"倾政策，侵犯中农利益，对地主实行不分田，富农分坏田，加上还发生了"肃反"扩大化，敌人又利用苏区奇缺的食盐、布匹来欺骗、笼络群众。一部分群众被反动地主、保、甲长裹胁，参加了反共自卫队、守望团。

我们工农红军缺少群众支援，真好比蛟龙困在浅水滩，怎么办呢？我记起了罗荣桓同志不久前对我的交代："在群众工作方面，我们过去做错了的，搞过了头的，要向群众承认错误。你到前线后，可以向粤赣省委和军区汇报，向地方党委建议，扭转这种形势，不然我们没有办法。"我们按照罗荣桓同志的意见，再次提出建议，促使地方党委采取积极措施，改变了过去的错误做法，我们也派出军队的干部、战士帮助开展群众工作，使形势很快有了改变。

不久，罗荣桓同志带了一个检查团来到南线。我们在政治部的一间小屋里，用两条长凳、一扇门板为他搭了一张床，请他休息。可他只略坐了一会儿，就起身去看部队。

罗荣桓同志爬上山头，战士们正在改修防御工事。伏天里，山上没有一丝风，战士们浑身上下湿透了，闷头猛劲干，没有平素常见的欢乐。由于接连丢失掉盘古隘、筠门岭，大家心里窝着一股火。罗荣桓同志不声不响地和战士们一起干了一阵后，招呼大家到树荫下歇息。

罗荣桓同志挨个儿问了战士们的姓名、籍贯和什么时候当的红军，热情地称赞说："同志们的工事修得蛮好呀。堡垒不但修得坚固，又能充分发挥火力。堡垒，就要让它发挥骨干作用。"他又说："你们在盘古隘、筠门岭打得蛮好咧，硬是把敌人打怕了，叫他不敢轻易朝前伸爪子了。"

战士们说："好么子哟，打来打去，阵地还是丢了。"

罗荣桓同志说:"这不能怪同志们。毛泽东同志都表扬你们打得好咧。"

战士们活跃了。罗荣桓同志又问:"敌人再来进攻,我们顶得住不?"

战士们说开了:"顶得住。"接着,又流露出担心,说:"只是莫按前一阵子老打法了。硬碰硬,要吃亏!"

大家回到政治部,罗荣桓同志问我:"你到部队有些日子了,你看巩固南线要解决什么问题?"

这正是我日夜琢磨的问题,便说:"最当紧的是让部队树立坚守南线的信心。"

罗荣桓同志说:"对。首先是抓好党员教育。就像我们今天看到的堡垒一样,党组织要坚强,要能充分发挥威力,带动整个部队坚定信心。同时组织好训练,提高军事技术,把信心落到实处。"

罗荣桓同志在我们师住下来。帮助我们工作。我请他参加政治部每周一次的部务会。会后,罗荣桓同志找我单独谈话,说:"今天组织部长讲了发展党员的工作,讲了军事训练中的政治工作;宣传部长讲了形势教育问题;群众工作部长讲了召开群众大会问题,哪个是当前部队的主要问题呢?"

经他一提醒,我才觉察到那天会前缺乏充分的准备。罗荣桓同志继续说道:"开会以前,你心里首先要有个主题,一次会议只解决一两个问题,而且是当前部队的主要矛盾。不然,眉毛、胡子一把抓,什么问题都解决不好。哪个问题要先解决,这就要靠调查研究。你调查好了,先找部长们分别交谈,把你的想法和他们通气,让他们有所准备,然后开会,议题就集中了。这样,既发扬民主又有集中,就能把大家的积极性调动起来,使整个政治部的力量在一个时期集中做好一两件事情。会后,大家去落实,最后要检查、总结。"

一个多月里,我跟随罗荣桓同志走遍所有连队,进行调查研究。在一次座谈会上,有一个战士说:"这次反'围剿',碰到的敌人比过去都顽固。"

罗荣桓同志问:"这是为什么呢?"

有的回答说:"广东军队没挨过红军的厉害打击,不了解红军。"

罗荣桓同志说:"对,应当向他们宣传红军的好处,号召他们学习二十六路军,举行光荣起义。"

我说："在红军大学，周恩来副主席讲课时，号召把敌人消灭在我们面前，从内部瓦解他们。"

罗荣桓同志说："这叫双管齐下，大家来出主意，看哪些口号能打动白军士兵的心。"他当场和战士们一起研究，拟出了一些宣传口号。

罗荣桓同志深入实际，平易近人，从干部到战士都对他无拘无束。他和我们一样吃大锅饭，从来没加过菜。当他快要离开红二十二师的时候，有一天我们在野塘里摸到了几条鱼，用盐和辣椒煮了一盆。罗荣桓和师部同志吃得十分高兴。他开心地说："好久没打'牙祭'了，今天是主任请客，让我们也沾了点腥呀。"

在罗荣桓同志要离开红二十二师的前两天，突然发生了一件事。一个星期日的早晨，我叫通信员通知政治部各部部长早饭后开会，去不多时，通信员慌张地跑回来告诉我："特派员把几位领导干部抓起来了，说他们是反革命，是 AB 团的。"

那时，有些人虽然口讲不要搞"肃反"扩大化了，但实际上还在推行"左"倾错误，国家保卫局派有特派员住在部队，可以随便抓人。我知道这几位同志都是很早就参加革命的，根本不是什么反革命，便向通信员说："你去把特派员叫到我这里来。"

特派员被叫来了，我问他："他们有什么问题，你把他们抓了起来？"

特派员说："他们是反革命。"

"有什么证据和事实没有？"

"他们几个人经常在一起议论，搞反革命活动。有人出身不好。"

我生气地说："他们几个人在一起议论，是商量工作还是搞反革命？你要搞清楚。他们参加红军好多年了，有人就是家庭出身不好，也不见得要杀掉呀。"

特派员坚持说："我警告你这个当主任的，你不要包庇反革命呵！你不要干涉国家保卫局的工作！"

特派员坚持不放，我很着急，便去找罗荣桓同志。他听了也很着急，很为难，在房中间站着，好半天没有说话。过了一会儿，他问我："他们都是什么出身？平时工作怎么样？"

我说："这几个同志工作都很积极，忠心耿耿的。据我所知，有的同志是雇农出身；有的同志参加过平江、浏阳暴动，家庭出身是中农。"

罗荣桓同志听了说道:"好,你去同特派员谈。他们不是最讲成分吗,你问他,雇农是最革命的阶级,中农也是革命的,随便处理雇农、中农怎么行呢?还有,中央讲了要防止'肃反'扩大化,要他注意。"

这样我的胆子就大了,于是又找到特派员,再次严肃地提出我的意见。最后,特派员只好把有些同志释放了。新中国成立以后,一位当时被抓起来的同志见了我,不胜感激地说:"要不是罗主任,早就没命了。"

罗荣桓同志在那种情况下,坚持唯物主义,无所畏惧,指导我们进行适当的斗争,帮助我们发扬政治工作的威力,给了我极其深刻的教育。

(刘道生)

大公无私　办事公道

一

我早在长征以前就见过罗荣桓同志,但真正与他相识是在 1935 年长征途中,那时虽然已经开过遵义会议,但罗荣桓同志受王明"左"倾冒险主义排挤的困难处境,并未得到改善。他被调离一军团之后,又辗转复任总政治部巡视员。有段时间,他随第二师行动,当时他只有一头骡子,政治上、生活上仍受着不公平的待遇,二师的首长对此甚为不平。部队过了金沙江到会理时,二师师长陈光和政委刘亚楼同志劝说罗荣桓同志留在二师。刘亚楼同志对他说:"你不要回去了,就跟我们二师走吧!跟我们走比跟机关走还要安全一些。"并说:"你回去,他们连骡子都会给你收了!"罗荣桓同志却笑呵呵地说:"不会吧!即使收了,我还有两条腿嘛!有么子要紧!"我在一旁听了他们充满真挚革命感情的话语,深为感动。不久,罗荣桓同志就从二师返回总政治部,当时他只有 33 岁,但他那宽广的胸怀,革命的乐观主义情绪和高度的组织纪律观念,却给我留下了深刻的印象。

两年以后，即 1937 年冬，我在山西的五台县，又见到了罗荣桓同志。那时，中央决定成立晋察冀军区，由一一五师政治委员聂荣臻同志任军区司令员兼政治委员，一一五师奉命分为两部分。"分家"的工作，聂荣臻同志请罗荣桓同志负责，司、政、供、卫的干部分在哪里，都由罗荣桓同志决定。罗荣桓同志对聂荣臻同志很尊重、支持，把独立团、骑兵营留给晋察冀军区，并考虑到建立敌后根据地将需要大批干部，又把孙毅同志领导的一一五师随营学校也留给了晋察冀军区。一一五师分开两部分之后，留在晋察冀的干部普遍反映，罗荣桓同志大公无私，办事公道。

我再次见到罗荣桓同志是 1948 年在哈尔滨，当时我带华北军区参观团到四野参观学习，罗荣桓同志亲自主持欢迎会欢迎我们。在欢迎会上，他热情洋溢而又极为谦逊地致了欢迎词。他周到细致地为我们安排食宿和参观学习。在战争年代里，久别重逢。又受到老首长的热情接待，使我倍感亲切。

二

我和罗荣桓同志接触最多的一段时期，是新中国成立以后我在总政治部工作期间。1950 年，罗荣桓同志任总政治部主任，我于当年 6 月也被调至总政，直至 1958 年我调离总政，一直在罗荣桓同志直接领导下工作。在长达数年的岁月里，目睹他那为我军建设鞠躬尽瘁，忘我的工作精神，公道正派、谦逊谨慎、平易近人、和蔼可亲的高尚品德，使我铭记难忘。

罗荣桓同志于 1950 年 4 月就任总政治部主任的重任之后不久，到 9 月，中央军委即决定成立中国人民解放军总干部管理部，并任命罗荣桓同志兼任总干部管理部部长。从此，他在致力于全军政治工作建设的同时，又以极大精力着手干部队伍的建设。他认为，要建设一支革命化、现代化的军队，首先就要搞好干部队伍的建设。他在我军干部工作上所做的杰出贡献，和他在我军政治工作上的建树一样，受到了全军的高度称赞。

罗荣桓同志在干部工作上，一贯坚持任人唯贤、搞五湖四海的原则，始终强调党管干部，反对"个人干部政策"的倾向。他对宗派、山头主义更是深恶痛绝。他历来主张，要容纳和团结大量的干部一道去工作，就必须搞五湖四海。记得我刚到总政工作不久，在一次部务会议上，罗荣桓同

志就明确提出，我们的干部工作一定要坚持任人唯贤，搞五湖四海，并且
强调从总政机关做起。他说，从红军来讲，要照顾到几个方面军，从抗日
战争来讲，要照顾到各个根据地，八路军、新四军；从解放战争来讲，要
照顾到各个军区和各个野战军。各个方面军、各个根据地、各个军区和野
战军，都有不同的经验和工作作风，各方面的干部在一起工作，可以广泛
交流经验，便于从各个方面了解熟悉情况，有利于我军的建设。当时，总
政在罗荣桓同志主持下，确实在这方面做出了榜样，先后调来总政任副主
任的萧华、傅钟、徐立清、甘泗淇同志，就是分别来自一、二、四方面军。
先后调来总政工作的二级部长，也是来自各个野战军。组织部副部长朱明
同志来自一野，宣传部长刘志坚同志来自二野，敌工部长黄远同志来自三
野，文化部长陈沂同志来自四野，保卫部副部长蔡顺礼同志和我（青年部
长）是来自华野的。1950 年 11 月，组建中国人民解放军总干部管理部时，
对总干部管理部副部长和二级部长的配备，同样是来自一、二、四方面军
和各个野战军的，如总干部管理部的副部长是宋任穷、赖传珠、徐立清、
甘渭汉同志。那时，真是五湖四海呀！

　　罗荣桓同志坚持任人唯贤、搞五湖四海的思想，在评定军衔时，也得
到了充分的体现。1955 年，我军首次实行军衔制，这是我军干部制度的一
项重大改革，大家都没有经验。加之我军经历了长期的革命战争，又分散
在各个地区独立作战，许多同志立下了不同的战功，对革命和军队建设作
出了程度不等的贡献，现实德才表现各异，个人的经历也不尽相同。在评
定军衔时，如何做到公正合理，能基本反映本人的情况，从而进一步调动
广大指战员的积极性，为我军建设作出新的贡献，这是一件意义重大而又
十分复杂的工作。面对这种情况，罗荣桓同志在评衔的全过程中，始终不
渝地认真贯彻中央和军委关于在我军实现军衔制的决定和原则，坚持公道
合理，实事求是。对每一个干部授予什么军衔，主要是根据其对军队建设、
作战等方面的贡献大小，现实德才表现和适当考虑个人资历，同时又照顾
到五湖四海，加以全面衡量确定。

　　罗荣桓同志为我军顺利执行军衔制做了大量工作，付出了艰辛的劳动，
许多重大问题都是他亲自请示中央、军委、毛主席和周总理，并且亲自组
织有关部门做好各方面的准备工作，认真研究外国军队的有关情况，有分
析地吸收外国军队的经验，结合我军的实际，提出适合我军特点的方案。

十位元帅和十位大将的军衔是直接由中央讨论决定的。对拟授少将至上将军衔的干部，罗荣桓同志令我们遵循中央和军委所确定的原则，首先选出各类"标杆"，对照每个人的具体情况，反复进行衡量比较，广泛征求意见。他自己也亲自找人谈话，耐心听取来自各个方面的意见。经过充分酝酿讨论，然后提出拟授军衔等级的意见，报请中央、军委审批。

在中央、军委直接领导下，在罗荣桓同志具体组织、指导、主持下，经过各方面艰苦的努力，全军的评衔工作，终于胜利完成。1955年9月，召开会议，对授衔的全部准备工作作了总结。会上，罗荣桓同志宣布了经党中央、中央军委、毛主席批准授少将以上军衔的人员名单。这是准备授衔的最后一次会议，彭德怀、刘伯承、贺龙、陈毅、叶剑英、徐向前、聂荣臻等军委领导同志都到了会，与会同志都为授衔准备工作的顺利结束而高兴。1955年9月30日，在中南海怀仁堂举行了隆重的授衔授勋仪式。这次的授衔，确实贯彻了中央、军委的指示精神，体现了公道合理、实事求是、搞五湖四海的思想。从那时算起，到现在已经30多年了，当我军即将恢复军衔制的今天，回忆起罗荣桓同志当年为我军首次实行军衔制辛勤工作的情景，及其所留给我们的可贵经验，仍具有现实意义。

三

罗荣桓同志在干部工作上又一突出特点，是他满腔热情地从各个方面关心爱护干部。他把关心爱护干部看成正确执行党的干部政策的一个重要内容，是调动广大干部积极性、主动性、创造性不可缺少的条件。他不仅自己身体力行，而且要求总政各级领导、各部门都要把关心爱护干部作为一项重要职责，形成制度、形成风气。他一再强调：要使广大干部切实感到政治机关温暖如家，不能冷若冰霜，使人望而生畏，敬而远之。他常说："政治机关，干部部门是干部的家，如果干部怕进政治机关，怕进干部部门，那就危险了！"不能"阎王开店、鬼不上门"。为了体现政治机关对干部的亲切关怀，他在一次部务会上明确规定，以后凡大军区领导同志来京开会、办事或路过北京，要由总政主任、副主任亲自接待，亲自听取汇报，主动征求意见，军以上干部由二级部长负责接待；对路过北京赴朝作战的干部，要组织他们游览首都的名胜古迹，陪同他们吃顿便饭。

　　那时，总政只有萧华、傅钟两位副主任，二级部长也只有不多的几个人，各方面的工作很多，人手很少，但大家都自觉地遵照罗荣桓同志的指示去做。我清楚地记得，甘泗淇同志调离西北军区到志愿军赴任时，从兰州乘飞机路过北京，由于工作人员没弄清楚飞机在哪个机场降落，萧华同志驱车到南苑机场没有接到，硬是又急忙掉转车头，跑到西郊机场去迎接，一直把甘泗淇同志送到招待所，安顿妥善之后他才离去。罗荣桓同志自己也经常热情接待从外地和国外回来的干部，有时还亲自陪着吃饭。记得陈赓、韦国清同志从越南回来，就是罗荣桓同志亲自热情接待，听取他们的汇报的。这些行动，充分体现了首长和政治机关对广大干部的深情厚谊。由于罗荣桓同志的表率作用，当时总政机关上上下下，朝气蓬勃，干劲很足，充满了热情、团结的气氛，大家都重视做好干部的接待工作，深得全军的好评。广大干部有什么难处、有什么思想问题，都愿找政治机关谈，他们确实把政治机关当成温暖的家。

　　罗荣桓同志十分重视在实践中提高干部，在工作中给予具体指导和帮助。我1950年6月调到总政时，正处在我军建军的新阶段，加强全军的思想政治工作，统一全军政治工作制度，等等。机关任务十分繁重，而先后调来总政工作的同志又多缺乏在这样大的领导机关工作的经验。面对这种情况，罗荣桓同志经常教育大家，一方面放手让同志们大胆工作，要求大家在干中学，注意在实际工作中提高自己的水平，另一方面在工作中给予具体指导、帮助。他对当时的两位副主任很支持、信任，给他们以重担。那时萧华同志除协助罗荣桓同志主持总政的全面工作外，还兼任组织部长，后来又兼任干部部部长。他对二级部部长也很放手，工作中他同大家共同研究，教给办法，并勤于检查执行中的情况。对干部在实际工作中的困难，他实事求是地帮助解决。1953年1月，在一次部务会上，决定我兼任秘书长，我表示自己文化低，难以胜任这项工作。会后，我去找罗荣桓同志，陈述我的困难，我说："我只读过一本'人之初'，文化水平低，怎么能当得了秘书长呢？"罗荣桓同志听了之后，便慈祥地笑了起来，鼓励我大胆去工作，对我进行了耐心的教育，他说："不会可以学嘛！以后再给你调个助手来。"不久，真的把刘其人同志调来总政任副秘书长。在这段时间里，虽然任务繁重，工作紧张，但是大家却受到了锻炼，得到了提高，心情很愉快。大家回想起罗荣桓同志当年在使用干部中关怀干部的情景，至今仍感念不已。

四

罗荣桓同志在政治上关心爱护干部，也是非常感人的。他在与干部的广泛接触中，善于了解和准确地掌握干部的思想动向，并且适时地、有针对性地进行教育，从政治上、思想上关心广大干部的成长。对于干部的政治历史问题，他鉴于我们党的历史经验教训，始终坚持唯物主义，强调实事求是。在处理这类问题时，哪怕看来是很小的事情，他都十分慎重，考虑得非常周到，处处为干部着想。1955年"肃反"时，蔡顺礼同志是保卫部副部长，我是兼干部部副部长。当时建立全军"肃反"办公室，按工作性质来说，办公室主任一般应由保卫部长来担任，但是，罗荣桓同志却提议由我担任"肃反"办公室主任，蔡顺礼担任副主任。并且规定，有关"肃反"的文书往来，信件传递，以及需要与干部本人见面的材料等，一律由我签名盖章。为什么要这样安排呢？他说："你是管干部的，人家见了你的名字，不会感到有压力；如果用保卫部长的名字，那人家就会感到问题严重，甚至害怕起来，不利于澄清问题。"他反复强调："肃反"是一件极其严肃的工作，政策性很强，一定要坚持党性原则，坚持实事求是的作风，要认真调查研究，包括向本人做调查，万不可主观武断，或粗枝大叶。材料要真实，证据要确凿，遇有重大问题要及时请示报告，不可擅作主张。对于有些干部的较大的历史问题或过失问题，他都要我们慎重讨论。有些人的问题，还要向中央军委的几位领导人做调查或征询意见。这些问题都得到了妥善处理。罗荣桓同志这种实事求是地对待干部的精神，使我无限赞佩。

罗荣桓同志对干部的疾苦和困难，更是关怀备至，感人肺腑。最使我难忘的是，1957年年初，我因患肝病住在北京医院就医时的情景。我住院后，罗荣桓同志亲自到医院去看我，给我以鼓励和安慰。他还指示萧华等几位副主任和机关的同志们，不断来看望我，使我非常感动。还有一件事，也使我记忆犹新。那是1950年我刚到总政不久，一天，朱水秋同志突然来总政要求见罗荣桓同志，我负责接待他。朱水秋同志曾在一军团二师当过团长，是井冈山的老同志，1937年当过晋察冀二分区司令员，后来，由于经受不住残酷环境的考验，回家当了农民，但没做过不利于党和人民的坏

事。他向我述说了他离队后的种种困境，当时他已是 5 个孩子的父亲，还有父母妻子，生活十分艰难，特来恳请罗主任予以照顾。我如实地向罗荣桓同志汇报了他的困难情况，罗荣桓同志对朱水秋的境遇深为同情，并考虑到他历史上为党为人民所作出的贡献，他提议每月适当补助其生活费，转请地方政府按月发给。对此，朱水秋同志感激涕零，懊悔自己经不住考验，深深感谢罗荣桓同志在他走了错路之后，还这样亲切关怀他，一再表示，将永远记住党的恩情，回乡好好劳动。

罗荣桓同志对犯错误的干部，既严格要求，又热诚关怀。他认为，正确对待犯错误的干部，是党关心爱护干部的具体体现。他经常以党的历史经验教育大家，告诫我们对待犯错误的干部，再不能重复历史上那种"残酷斗争，无情打击"的做法，一定要坚持"惩前毖后，治病救人"、"团结—批评—团结"的方针，要从爱护干部出发，对干部的错误，既要严肃指出，又要真心实意地帮助他们认识错误，总结教训，改正错误。一位井冈山时期的老同志，在井冈山斗争处境困难的时候离开了部队，抗战时期才回来。他对一位领导同志批评他有意见，对组织上对他的使用也有意见，曾多次找我谈他的想法，让我向罗荣桓同志反映。我向罗荣桓同志汇报了他的情况。罗荣桓同志说，他是井冈山的老同志了，但困难时期离队了，如果一直坚持下来，当然不会像现在这样，让我做做他的思想工作，请他正视自己历史上走过的弯路，好好为党工作。后来，罗荣桓同志亲自找这位同志谈了话，严肃地批评他"井冈山困难时期，你跑到哪里去了？"并对他进行了耐心的说服教育。罗荣桓同志很喜欢与同志们促膝谈心，同志们也愿意向他说说心里话。他同总政机关和部队的许多同志谈过话。对找他谈话的人，他都热情接待，特别是对犯了错误的同志更加热情。他认真倾听同志们陈述的各种意见和问题。属于认识上的问题，他耐心开导；属于实际问题，他帮助解决；工作确实有困难或分配不适当的，他责成有关部门予以调整。尽可能使干部各得其所，各尽所能，为充分发挥干部的聪明才智提供条件。

（王宗槐）

"在红军里，当官的和当兵的都一样"

罗政委救我出囹圄

1930 年 10 月，红四军打下吉安，我们所在的地方独立第三团编入了红四军，我被分配到十一师政治部宣传科当勤务员，当时只有 14 岁。11 月，部队在苏区的宁都县的黄陂、小布一带休整，准备粉碎敌人的第一次"围剿"。就在这次休整中，部队开始搞"肃反"运动，到处抓 AB 团，大搞逼供信，许多同志被捆起来，我们宣传科有十几个人，因为有点文化，都被当成了怀疑对象，先抓起来几个，严刑拷打。有的人实在熬不住就乱供乱咬，没过两三天，全都被抓起来了。最后连我这个小勤务兵也不放过，把我和另一个姓李的小孩也抓起来，起先关在师政治部里，逼我们承认"参加了 AB 团的会议，给他们打了 1 斤酒，买了半斤花生米"。我们是当勤务员的，给干部买过酒和花生，但确实不知道什么 AB 团，更没有参加过 AB 团的会议，因此，我们死也不承认。因为在师里没有审问出什么，又把我们送到军政治部保卫局去关起来，进一步拷打审问。

黑房子里光线微弱，加上一肚子怨气，使人非常沉闷难忍。就在这个时候，红四军罗荣桓政委来到了我们军保卫局，当他看到一些人正在搞逼供信，立即挺身而出，予以制止。他千方百计保护和营救干部、战士。当他看到我们两个小孩时，下令立即释放，把我们解救了出来。我们绝路逢生，感动得痛哭流涕。以后"一斤酒、半斤花生米"就成了大家的笑柄，经常开我的玩笑。这件事虽然已经过去 50 多年了，但我永远忘不了罗政委的救命之恩，永远缅怀他在危急关头，挽救部队，挽救同志的伟大功绩。

诲人不倦的启蒙老师

我被放出来后，就留在军政治部给彭固主任当勤务员。1931 年，在第三次反"围剿"的一次战斗中，我军缴获了敌人大批的枪支弹药，由于没有来得及搬走和埋藏好，不久又被敌人发现挖走不少，彭固因此而被调离红四军，到地方工作。我不愿意跟去，就留下来给军政委罗荣桓同志当勤务兵。从此我就生活在罗政委的身边，经常得到他的直接教诲，逐渐懂得了不少革命的道理。

刚和罗政委接触时，看到他很严肃，平时说话不多，我感到很拘束。听人说罗政委是大学生，读过很多书，学识很渊博，而且跟着毛泽东同志参加过秋收起义。因此对他充满了敬畏之情。记得我刚到罗政委身边的时候，做什么事都拘拘束束的。罗政委见了，把我叫到他身边，我心里有点紧张，规规矩矩地站着。他一把拉着我坐下，亲切地问道："小王，愿意到我这里工作吗?"

"愿意。"我忙笑着答道。

"今后在我这里工作，要随便一点。"

"首长，你是当……"

"小王，在红军里，当官的和当兵的都一样，只是革命的分工不同。"他指着我们两人的衣服说："你看，我们都穿得一样嘛。"

从这以后，我工作起来就随便多了。时间长了，更感到罗政委非常平易近人，对周围的同志和蔼可亲，他从不轻易批评人，对我们这帮"小鬼"，他更是倍加爱护，谁叫什么名字，多大年龄，哪里人，他都记得很清楚。

我是个农村孤儿，一天书也没有读过。有一天，罗政委亲切地问我想不想学文化，我回答想学，他高兴地说："学了文化，可以懂得很多道理，更好地干革命。"从此，他无论工作多忙，总是挤出时间教我学习，手把手地教我写字，先写我的名字，然后又写"打土豪分田地"、"红军是穷人的军队"，一边写一边给我讲解。他用通俗的语言，形象的比喻，讲述农民为什么穷，地主为什么富，革命就是要推翻人剥削人的旧制度。罗政委循循善诱的教导，打开了我的心扉，照进了真理的阳光。他除了亲自教我外，还让童小鹏秘书负责教我学习。罗政委经常督促检查，考我认字，检查我写的练习本子，有一点进步，就表扬鼓励我。发现有错别字，或写得不认真的地方，就耐心地给我指出来。在罗政委的精心指点下，渐渐地我就认得了一些字，能写几条红军标语，还学会了油印文件和宣传材料。当罗政委看到我写的标语的时候，他喜悦地笑着对我说："小鬼，进步不小啊！"

那时当勤务员很辛苦，白天行军，晚上要号房子、借门板、铺稻草、做饭。我年龄小，很多事情做不好，罗政委从不责怪，总是耐心地教我。他教我在脸盆边沿用钉子扎两个洞，用绳子穿着背上，夜行军不发出声响。马灯不亮了，把玻璃罩子取下来，用嘴哈一哈气，就能擦得亮。还教我怎样补衣服、打草鞋、做饭、炒菜。有一次，我们分了一点伙食尾子，我去买了一只鸡，可是不会做。罗政委就亲自动手杀鸡、拔毛。他是湖南人，爱吃辣椒，就做了一份辣子鸡，大家吃得津津有味，乐哈哈的，边吃边赞扬罗政委的好手艺，以后我也从他那里学会了做辣子鸡和炒别的菜。

还有一件事情我印象很深。那是1931年第三次反"围剿"时，部队消灭了永丰良村之敌1个师之后，在转移途中，突然敌人的飞机来了，丢下来几颗炸弹，爆炸后冒出黄色的浓烟，到处烟雾弥漫，同志们闻到烟味后，又咳嗽、又流泪，非常难受，有的同志还昏倒了。许多人很惊慌，满山乱跑，部队一下子乱了起来。罗政委非常果断，立即叫大家用小便打湿毛巾把嘴堵住，带领部队向山顶猛跑。同志们都跟着罗政委跑，很快脱离了污染地带。事后罗政委告诉大家，遇到敌人的毒气弹，要赶快把毛巾打湿，捂住鼻子和嘴，要向上风头高地处跑。我们感到罗政委身边真有学不完的知识。

罗政委培养我入团

罗政委对我们在生活上像慈母般关怀爱护，在政治上要求很严肃。他常常教育我们要努力学习，遵守纪律，搞好团结，争取当模范，要为共产主义奋斗终生。每当我有了一点进步的时候，他就及时给予鼓励。他告诫我不要骄傲，给我指出继续努力的方向。1931年3月，部队进驻广昌县头陂镇，准备粉碎敌人的第二次"围剿"。一天，罗政委找我谈话，问我愿不

愿意加入共产主义青年团（当时党团组织在部队是秘密的，对条件成熟的对象，都是单独谈话，秘密发展），并耐心地给我讲了党的十大政纲，讲了具备什么条件才能加入共青团，帮助我提高对党和共青团的认识。听了罗政委对我的耐心教导，一股暖流涌上心头，我感动得流出了眼泪。

不久，我就填了表，参加了入团宣誓。当我同十几个同志站在一起举手宣誓的时候，想到：要不是红军来到我们山村，我这个无依无靠的孤儿，怎么能当上红军，要不是首长像父母般地教导我、关心我，我怎么能成为一个光荣的共青团员。我暗暗下定决心，永远跟着共产党，为共产主义奋斗终生。在罗政委的培养教育下，我有了一些进步，一年以后当了勤务班长，还代表我们班出席了第一次在瑞金召开的苏维埃代表大会。

1932 年打开漳州后，我在罗主任身边快两年了，随着年龄一天天大起来，身体也长高了，体格也长壮了。我当时觉得当勤务兵是小孩子干的事情，自己已经是大人了，应该到连队去，拿起枪杆直接消灭敌人。我把自己的想法向罗主任汇报了，提出了下部队的要求。罗主任开始舍不得让我离开他，过了几天，他对我说，为了使我得到更大的锻炼，同意我到部队去。同时又叮嘱了我很多话，教育我到部队后，要英勇杀敌，服从命令，遵守纪律，虚心向战友学习，与同志们搞好团结，我都一一记在心里。临别那天，罗主任做了几个菜，同我们一起吃了一顿饭，并送给我一支铅笔、一个日记本，要我好好学习。亲自把我送出大门，边走边嘱咐我要经常给他写信，有机会一定回来看看。这时我已经难过得说不出话来，一边擦泪，一边点头，连连答道："是，首长，我一定牢记你的教导。"我背着背包，边走边回头看，罗主任还望着我不停地挥手。我也怀着依依难舍的眷恋之情，告别了敬爱的罗主任，奔向了新的战斗岗位。

（王东保）

同甘共苦干革命

一

长征开始时，我在军委炮兵独立营工作，罗荣桓同志在八军团政治部当主任。遵义会议以后，为了便于大的作战行动，部队编制作了一些调整。根据中央军委的指示，我们军委炮兵独立营全部编入三军团建制，我也随之调到三军团四师无线电大队工作，不久又下到该师团队当教导员。在此期间，罗荣桓同志先后担任总政巡视员和三军政治部代理主任等职。他经常深入各个部队做思想政治工作，一方面是传达贯彻遵义会议精神，号召部队全体指战员坚决执行党中央关于继续北上的正确主张；另一方面是了解部队的思想动态，率领和指导下属部队行军作战。

不久，党中央为了加强部队的思想教育，把罗荣桓同志调到一军团当政治部副主任，要他具体负责部队在北上途中的思想发动、筹粮和群众工作。他深入部队讲解中央政治局《关于一、四方面军会合后的政治形势与任务的决议》，教育全体指战员团结一致，跟随毛主席穿越草地，继续北上。

同年8月，中央红军决定分两路北上。出发前，党中央、毛主席对右路军的北上序列作了具体部署。指令一军团为前卫，由聂荣臻等同志率领本军团的指挥机关和一支精干的部队担任前梯队，在前面杀开一条路，为后续大部队开进扫清障碍。

聂荣臻等同志在接到中央的指示以后，就立即率领一军团指挥机关和一支精干部队向荒凉的草地进军了。当时，按照组织分工及行军序列，罗荣桓等同志应率领一军团的其他部队跟在前梯队后面开进，接下来是中央机关和三军团部队。但是，在出发之前，因中央有事，毛主席要他和罗瑞

卿等同志暂留下来，等办完事情后再走。待事情办完后，一军团的部队已走远了，因此，他就临时决定同我们部队一块儿走。

罗荣桓同志到部队的那天，我们营还在组织编草鞋、装干粮袋、互相检查和整理携带的武器装备。一到营部，罗荣桓同志就到连队看准备工作情况。

罗荣桓同志见大伙无忧无虑，态度坚决，就招手叫同志们坐下，意味深长地说：

"同志们，你们知不知道我们为啥要过草地？红军过草地是形势所迫，要付出巨大代价的。但是为了甩掉敌人，保存和发展革命力量，我们不得不走这条路啊！"罗荣桓同志越讲声音越大，战士们都默默地听着："你们说不怕，是对的，这是我军的本质。如果有点怕，也是自然的，因大家都没走过草地嘛！"最后他说，他因中央有事赶不上队，想同大伙一块儿走，问同志们欢不欢迎？

同志们一听，都欢腾起来，有的还拍手高喊："跟罗主任一块儿走（当时大伙都习惯这样称呼他），我们大伙心里就更踏实了。"

二

行军途中，罗荣桓同志的模范作用对部队指战员的教育、鼓舞极大。他跟部队一起走，有马不骑，背着一支手枪，一个望远镜，一条干粮袋和一个文件包，右手拿着一根树枝做拐杖，有时走前，有时走后，不时地在队伍行列中出现，一面做宣传鼓动工作，一面了解和掌握部队行军情况。同志们见他一路辛苦，曾多次劝他骑马，但他总是亲切地说："不行啊——同志，仅我一个人骑马是走不出草地的。大家都走路，我也有两条腿，为什么不能走呢?!"

俗话说：强将手下无弱兵。在罗荣桓同志模范行动和思想工作的激励下，一路上，部队英姿勃勃，有说有笑，因而步子越走越快。

晚上的气候，更令人难受。不是刮风落雪，就是雨雾漫天。地面到处是湿漉漉的，部队绝大部分没有帐篷，无处栖身，就几个人坐在一起，背靠背、肩靠肩地睡一会儿。好些人带在身边换洗的衣服，在白天行军时被暴雨淋湿了，不能换，冻得无法入睡，就干脆爬起来，一二十人围坐在一起，烤着火，嚼着炒麦讲故事、说笑话，或是回忆自己的战斗历程，或是诉述蒋介石、汪精卫、胡宗南、白崇禧等，这些出卖国家民族、残杀无辜群众和革命党人的罪恶事实。每遇到这种情况，罗荣桓同志总是来到战士们中间，同大家一起吃着干粮，一起天南地北地摆"龙门阵"。

当时，部队中有不少湖南人，喜欢听罗荣桓同志唱家乡小调和花鼓戏。为了满足大伙的要求，他经常自编歌词，十句八句，编得也快，然后再用家乡小调或花鼓戏的曲子套着唱。

小伙子们坐在篝火旁边，边添柴加火，边听罗荣桓同志唱歌，不一会儿，一个个的脸上都洋溢着自豪、喜悦的笑容。此刻，他们身上的疲劳消失了，寂寞和寒冷的感觉也没有了，而被此所代替的，是小伙子们的一双双异常明亮的眼睛，又重新充满了信心与希望，充满了令人愉快的活力。这以前，我们有不少基层干部还意想不到，这平凡的歌声，竟会给红军战士们带来了这么大的变化。此后，我们遵照罗荣桓同志的指示，在各个连队组织了宣传鼓动组或演唱组，干部也参加，编演了一些小快板、小节目，使行军途中的宣传鼓动工作，搞得十分活跃。

三

沿途，罗荣桓同志非常关心爱护战士。他经常给我们讲，关心爱护战士，就是关心爱护部队的战斗力。在战场上，尤其是在艰难困苦的时刻，如果一个指挥员失去了战士们的信任，他就像失去了自己的耳、目、手、脚一样，将寸步难行。当时，部队在他的具体帮助和指导下，干部和战士之间，互相关心、互相爱护的风气是很好的。

有天中午，我们走到一块地面稍高的地方休息，一坐下，他就问：

"部队情况怎么样？你们干部有什么打算？"

我如实地把部队指战员决心跟党中央、毛主席北上革命到底的情况，部队缺吃缺药的实际问题，以及准备发动全体指战员摘野菜、找草药等办法作了汇报以后，他点点头说：

"要告诉同志们，目前的困难是暂时的。一定要勒紧裤带，坚持走出草地。越是困难，越要团结战斗。"还再三强调说："我们部队指战员经过这样艰苦的锻炼，都是宝贝，革命需要这些人。所有的伤病员都要抬着走，

一个也不能丢。谁要是丢下伤病员不管，就是犯罪。"

我们营部通信员小杨，过草地前右脚掌被竹尖扎了个洞，到进草地的第3天，小腿和脚掌就肿得像个冬瓜似的。罗荣桓同志看到后，就上前帮他扛枪背东西，一步一步地扶着他走。后来，小杨一步也走不动了，他就同我们商量着背他走，可是小杨自尊心很强，他怕拖累大家，躺在地下不让大伙背，还向罗荣桓同志苦苦哀求说："老首长，我确实不行了，你们快走吧，不要管我了，等革命胜利后，请给我家带个口信，说我从地主家逃出来后，当了红军，跟毛主席北上时，不幸死在草地上。这就行了。"

当时大伙都很感动，很多同志流下了眼泪……

四

部队自进入草地以后，虽也和胡宗南等部的骑兵部队进行了一些战斗，可是对红军指战员威胁最大的，还是饥寒交迫的恶劣条件。

由于连勉强维持生命的野菜汤都没吃饱，罗荣桓同志比战士们消瘦得更快。谁见到这种情景，心里都感到难受。一天上午，我交代两个班共有十二三人去采野菜，把采来的野菜送给他的警卫员，并再三叮嘱他们不要让首长知道。可是不知道什么原因，还是让他知道了。他十分生气，把我叫到跟前，批评了足足半个小时，还一个劲地追问："前些天搭草窝的事，是不是你叫搞的?"当时我低着头没有说话。过了一会儿，他要警卫员把野菜送回班里，我认为事情过去了，也跟着走开，他见我没吭声就走，有点发火似的对我说：

"告诉你小陈，下次再要这样搞，我就给你处分!"

当时我心里有些委屈。回来后，就独自坐在一旁寻思："自己不吃东西还要处分人，哪有这个理？就算有这个理，只要你能多喝碗野菜汤，给我处分又有啥了不起呢?!"

在当时红军部队里，生活越是困难，团结战斗的友谊越是深厚。可是在这见不到人烟的草地上，又到哪里去弄吃的呢？同志们翻开了干粮袋，搜掏了各自的裤腰包，一点儿吃的也没有找到，他们含着泪，带着沙哑的声音同罗荣桓同志一起唱歌。

这时我实在忍不住了。阶级感情像烈火一般在我心中燃烧，使我压根儿没有考虑他说过要给我处分的事，只想着能尽快找点野菜回来煮给他吃，因此，我就一个劲地向前头部队走去，挨班挨个地问还有没有保存野菜。万没料到，问了二三十个班，足有几百个人，一点儿野菜也没有找到。当倒走回来时，突然有个年过40的老班长叫我停下，急急忙忙地解下捆在腰上的干粮袋，然后有点不好意思地说：

"教导员，刚才你问我有没有野菜时，俺不是小气不愿意拿出来，这几扎野菜已摘了好些天，咱怕不新鲜没敢讲，见你一点儿没找到咱才拿出来，你看还能对付着吃不？"

一见到野菜，我心里非常高兴，就交代他把一些烂叶子择掉，好好洗一洗，煮好后想办法请罗荣桓同志和警卫员来吃。

这个老班长很会做工作。他把野菜煮好后，想了个办法，假说班里有事，硬把罗荣桓同志和警卫员拉到班里，尔后拿腔拿调地对他说：

"为了革命，咱们从江西走到这里，是一家人。对于北上，我们都有决心和信心，但是今天要给你提条意见！"

"那好啊，什么意见？你说吧！"

"你给我们作报告时讲过，各级领导干部在生活上不搞照顾，要与群众同甘苦，共患难，可是，最近你跑到哪里吃好的去了？"

"没到哪里去呀！"他笑着回答。老班长接上去说：

"没到哪里去？怎么每天只见你和我们一起行军，不见你到班排吃野菜汤呢？"

一番话，把罗荣桓同志说得一时不知如何解答。

这时老班长叫人把野菜汤端出来，先给他和警卫员盛了一碗，本班的同志每人也分了半碗，然后说：

"这碗野菜汤是同志们的一片心意，也是按近两天的份额给你留下的，就请你把它吃了吧！"

罗荣桓同志十分感动。在这些朴实诚挚的战士面前，最后他只好"认输"了。

五

部队一走出草地，境况骤然不同。虽然这里也受草地气候的影响，但

已不像在草地里那样阴森可怕了。

路上，罗荣桓同志见战士们这样欢蹦乱跳，就高兴地对我说：

"你看，战士们情绪多高！他们好像不知疲劳和饥饿似的。"停了一下，又继续说：

"我敢断定，我们党有这支打不垮、拖不烂的队伍，革命就一定会取得胜利！但是……"说到这里，他十分迫切地说："现在急需解决的问题是吃饭！"

罗荣桓同志讲得很有道理。部队自走出草地以后，由于草地边缘地带居住人家少，部队人多，战士们还未能吃上一餐饭。虽然部队从精神上看是乐观的，但从战士们的体力上讲，已经到了难以支持的地步。

这时我越想越急，正准备叫通信员通知各连，挑选几个体力好些的同志，先赶到前面筹备粮食的时候，突然接到了敌情报告："在右前方三四里处的河沟对面，发现敌轻骑部队约一个团的兵力，向我部队运动。"

原来，蒋介石得知红军过草地的消息后，便指令青海马家军总司令马步芳，迅速派遣两个骑兵旅，企图在班佑西北一带向我实施堵击，把我消灭或再次逼我进入草地冻死、饿死。

怎么办？我们立即开会分析情况研究打法。有的认为，"我军目前处境困难，部队连续行军，已精疲力竭，不便同敌冲杀，应尽量回避不打。"有的主张，"应迅速组织部队冲过河沟，杀它个痛快，为牺牲在草地上的同志报仇。"有的虽然不同意以上两种意见，但因情况突然，一时又想不出第三种方案来。

罗荣桓同志站在一旁，见大家想不出具体办法，认真琢磨了一下，说：

"我想问同志们两个问题：猎人上山打野猪是怎么打的？你们肚子饿不饿，想不想吃马肉？"当大伙的思想还没反应过来，他又接着说：

"打野猪一开始总不能冲过去打吧?!"他反背着双手，来回走了几步，又坚定地说："大家都知道，打仗是一门科学，既要勇敢，又要有智谋。既要了解敌情，又要考虑我军各方面的条件。今天，如果回避不打，我们哪来的马肉吃？要打，部队这么疲劳，能冲得过去、捕住它吗？猎人打野猪时，都是先'藏'起来守候着打，为什么我们今天就不能采取这个办法打呢?!"

经这一启示，干部们心里都明白了。

遵照他的指示和打法，各连都迅速地占领了附近的有利地形，把部队和机枪秘密地隐蔽和伪装起来。每个战士，也都充分做好了战斗准备，有的拉开扳机，装上子弹；有的构筑掩体，修整射击依托；有的还把手榴弹盖拧开，一个个地放好……前后不到20分钟时间，部队就设好了圈套，等待敌人上钩。

这时敌人骑兵不知是计，以为我军胆怯，已向草地撤退。便得意洋洋地向我部队阵地猛冲过来。走在后面的指挥官还不时地挥着战刀，大声地叫喊："弟兄们——快呀！快呀！不然进了草地，就抓不到活的啦！"

很多战士听后觉得好笑，就讥笑地说："好，看到底谁抓谁吧！"

"打！"当敌人离我五六十米处时，罗荣桓同志一声令下，八九挺机枪一齐发射，打得敌人哇哇乱叫。上百枚手榴弹也像是长了眼睛似的，一排排地飞落在敌骑兵中间，炸得他们人仰马翻，五体横飞。接着，罗荣桓同志又趁敌慌乱之际，挺身跃起，亲自率领部队向敌发起冲击。敌人招架不住，吓得夹着尾巴就跑，来不及逃命的，都滚落在地，举手投降。

战斗不到1个小时就结束了。部队打扫战场时，发现在两三百米宽的山坡上，横七竖八地摆着300多具敌尸、死马，还抓了30多名俘虏，缴获了一批武器弹药，而我军却伤亡很少。

此间，我陪罗荣桓同志到连队看了每个受伤的同志及缴获的战利品。到各连时，他都赞扬部队打得好，打得英勇顽强，并再三告诉同志们，部队打了胜仗后，不能骄傲和丧失革命警惕，应该从战术上、指挥上、互相协同和各项准备工作上，多找些不足之处，多发现一些问题，这样仗才能越打越好，越打越精。回来后，他还亲自审问了几个会讲汉话的俘虏兵。

忙了一阵以后，罗荣桓同志才坐下来同我们一起吃马肉。当时，连队准备的野餐，各式各样都送了一些来，想请他尝一尝，看哪一种好吃，以检验一下各自的手艺有多高。他拿了一块被烧烤得表面有点炭黑的马腿肉，闻了闻，感到香喷喷的，就问："这么好的马肉，部队都吃了没有？"我向他汇报说，部队都吃饱了，有的同志一下子吃了两三斤。他高兴地说："部队同志们是辛苦了，饿得也太厉害了。但是要告诉同志们，可不能一下子吃得太多，把肚子给撑破喽！"说完，就仰着头，哈哈哈地笑了起来。

本来，我们这天是打算就地宿营，让部队好好休息一下的。可是，罗荣桓同志考虑到时间尚早，战士们都吃饱了马肉，情绪很高，如果就地休

息，不仅后续部队上不来，留下的马匹也不好处理。还是往前走一段好。我们遵照罗荣桓同志的指示，带着战利品，迈开胜利的步伐，又向前进发了。

部队于次日凌晨，就到了过草地以后的第一个大村镇——阿西。阿西有一二千户人家，粮食和食品充足，房屋较多，还有一座大喇嘛庙。这里的畜牧繁盛，牛、羊、马很多，是当地藏民的主要食品。

正是由于有这样一个生活地理条件（这在当时来说是相当不错的了），所以部队到了阿西以后，就停下来休整了几天。在那里，我们根据罗荣桓同志的指示，做了如下几项工作。一是进行继续北上的思想动员，以认清部队过草地后的形势与任务；二是向当地民众筹办部分粮食和食品，以尽快地恢复部队的体力；三是聘请本地医生，帮助治疗伤病员和消除部队在过草地时染上的疾病；四是发展一些党团员，充实和调整班排的思想战斗骨干。

休息几天以后，部队继续向北挺进。到哈达铺以后，部队根据中央8月作出的决定，正式宣布改编为陕甘支队。改编时，我调到团部工作。毛主席召集一百来名团以上干部在一个大庙堂里开会，周恩来、叶剑英、罗荣桓等许多领导人参加了会议。

会上，毛主席总结了红军爬雪山过草地的情况，布置了下阶段的任务，提出了团结起来，继续北上抗日，到陕甘边革命根据地和刘志丹部队会合的战斗口号。在谈到红军过草地情况时，毛主席表扬了罗荣桓同志工作模范，能吃大苦耐大劳，没有粮食，就同战士们一起吃野菜，坚持着把部队带出草地的模范事迹。据罗瑞卿同志后来讲，散会后，毛主席把他和罗荣桓同志叫到一旁，非常亲切地询问罗荣桓同志："条件这么艰苦，你带部队走出草地，到底有什么妙计啊？"他只是笑了笑，没有回答。当时罗瑞卿同志见他不表态，就接过话说："我刚才已问过他，是否要好好总结点经验，他说没有什么经验，只有一条奥妙：在任何时候都要相信群众，同广大干部群众生活和战斗在一起。还说他这条奥妙，也是从主席你那里学来的呢！"

是啊！在艰难困苦的战斗生活中，罗荣桓同志始终是坚信党中央、坚信毛主席、坚信广大干部群众的。至今，那段艰难的历程虽然已过去了48年了，但是，罗荣桓同志那高尚的思想品德，艰苦深入的工作作风，和兢兢业业的革命精神，却永远是值得我们学习的。

（陈海涵）

"如果把电台丢了，我杀你脑壳"

在艰苦卓绝的二万五千里长征初期，我曾在罗荣桓同志领导下工作过。1934年9月，我奉命带无线电分队来到刚刚组建的红八军团。罗荣桓同志当时任红八军团政治部主任。

那正是中央红军即将被迫放弃中央根据地、实施战略转移的危急关头。红八军团就是在这种形势下仓促组建的。军团机构也很不健全。部队刚刚组建起来，就投入了紧张的反"围剿"战斗。军团主力是刚从地方编成的红二十一、二十三两个师，战士多数参军不久，缺乏战斗经验，特别是中途把我们军团摆在后面，要阻击数倍于我们的敌人。这时，政治工作的任务何等艰巨，政治工作干部肩负的责任何等沉重，是可以想象的。罗荣桓主任带领政治部的同志深入部队进行了大量的艰苦细致的思想工作，使干部战士始终保持着高昂的士气，在敌人的猛烈炮火下，部队伤亡很大，但是，激战几天，敌人始终未能越雷池一步。

10月7日，军团胜利完成了阻击任务，奉命撤出阵地，进行休整。不久，部队又从兴国向于都集中，并且下发了大批弹药和生活用品。那时，谁也没有想到，这就是举世闻名的二万五千里长征的前奏啊。

我们电台的干部，对形势知道得清楚一些。敌人正日益向根据地深入，逼近了瑞金。电台奉命日夜开机，随时准备接受新的指示。

10月16日夜里，军委发来一份十万火急的电报。我一看译出的电文，简直不敢相信自己的眼睛：红军要突围，要撤离中央苏区。可是，这清清楚楚的字迹，使我不能有丝毫怀疑，电文译完，来不及登记就急忙送给军团首长。

我来到军团部，周昆军团长、黄甦政委和罗荣桓主任等军团首长都在那里。看完电报，从首长们的眼神中，我感到他们对这样的决定已经有所预料，但心情却和我一样沉重。我正要离开，罗主任把我叫住了："袁政

委，这份电报请你告诉电台同志，一定要保密。等军团领导统一传达、布置。"我说："这个电报只有我和译电员知道，请首长放心。"罗主任又加重语气说："同志听到这个消息，一定会很难过。请你告诉同志们，不管情况多么严重，也不要丧失信心。我们离开根据地，是为了保存有生力量，打破敌人的'围剿'。只要有党在，有红军在，我们一定还会回来的！"罗主任多么坚定，多有远见啊！

第二天，军团政治部召开了紧急干部会议，罗主任向到会干部宣布了军委的指令，并强调了这一行动的重大意义。他提出：政治干部要向部队进行充分的宣传解释工作，振奋全体指战员的战斗精神，树立革命必胜的信念……罗主任的讲话，像一股疾风，吹散了笼罩在大家心中的阴云。

我回到队里，立即召开了支委会、党团员大会和军人大会，传达了军委指令和罗主任的讲话，经过讨论，一个牢固的信念，深印在同志们的心中："只要有党在，有红军在，我们一定会回来的！"在党团员的带动下，全体同志士气高昂，紧张地进行准备工作。在太阳落山以后，嘹亮的军号从四面八方响了起来。全军团整齐队伍，踏上了新的征途。望着即将远离的家乡，我心中又响起那誓言般的声音：总有一天，我们还会回来的。

部队在夜色中向西南疾进。在红军前进的方向，敌人设置了4道坚固严密的封锁线，每道封锁线，都部署了大量敌军，修筑了密密麻麻的碉堡和防御工事。敌人妄图凭借这些障碍，将红军困在他们的包围圈里。突破这一道道封锁线，是摆在我们面前的一场场鏖战。

在这严峻的时刻，罗主任紧紧掌握着部队的情绪，表现了高超的政治工作领导才能。当时，红八军团担负全军的侧翼掩护任务，行军中几乎天天都要边走边打仗。上有敌人的飞机，后有敌人的追兵，形势十分险恶。加上"大搬家"式的突围，队伍很庞大，甚至连印刷机、造币机都抬了走。我们被迫与四面强敌苦战，掩护行动缓慢的中央纵队，结果总摆脱不了被动挨打的局面。这一切，对我们这个刚组建不久的新军团是多么严峻的考验。政治工作的任务就更繁重了。

每次行动前，罗主任都要召开一次干部会议，把敌情和任务向到会的同志交代清楚，提出应注意的问题。每一次听他讲话，都使人受到一次鼓舞和教育。他不仅全局在胸，而且对部队状况了如指掌，队伍中有什么问题，应如何解决，主要困难是什么，怎样去克服，讲得一清二楚。到会的干部不但自己受到了教育，坚定了信心，而且知道了应当如何去进行思想工作。所以，罗主任讲话是最受同志们欢迎的。

在突破第四道封锁线前夕，我们军团成为全军的后卫，同主力拉开了一段距离。为迅速赶上主力，部队不顾敌机轰炸和敌军袭扰，日夜兼程，由道县向广西前进。到达龙州时，罗主任又一次召集干部会议。他首先分析了我们的处境，指出：在第4道封锁线上，蒋介石调集了40万大军分三路沿湘江和湘桂公路对红军实行堵截：敌中央军薛岳和湘军何键部队进至全州，另一路敌周浑元纵队和湘军一部也尾随我而来。在我军前方，桂军精锐在兴安、灌阳一线拉开，摆出一副要同我们决战的样子，我们稍有延误，就有被敌人包围的危险。前有强敌，后有追兵，我们怎么办？罗主任从容不迫地把问题提出来，接着，斩钉截铁地说，我们的出路只有一条，就是坚决地冲过去。要让每一个同志都知道：冲过湘江去，就是胜利！我们都被罗主任那充满胜利信心的声音鼓起了勇气。

部队在夜色中疾进。我在行军中边走边向无线电队的干部传达了罗主任的讲话。同志们一个个鼓足了劲，准备迎接一场即将来临的恶仗。

两天两夜的急行军，我们赶到水车，同留在那里等候我们的五军团的队伍会合了。在水车停留了不到4个小时，部队又火速前进，渡过灌江。这时，敌人已同我们的后卫部队接上了火，越来越紧的枪声在催促我们：快走！快走！天上也出现了敌机，不停地扫射、轰炸。渡过灌江后，桂军突然从翼侧冲过来，部队边打边走，损失很大。但是，同志们只有一个信念：冲过湘江去，就是胜利！

快到湘江时，敌人又追了上来，军团首长都投入了战斗，几经血战，终于把敌人压了回去。部队趁此机会，跑步到达湘江东岸的麻子渡，我带着无线电队冲入没腰深的江水高喊着："冲过去就是胜利。"全队同志冒着敌机的轰炸扫射，一口气冲过了湘江。

过江后，我们在一个山凹处停下来收拢队伍。我清点了一下人员、装备，电台机器依然完好，只损失了一副备用的蓄电池。我们的队伍中，一些熟悉的面孔不见了。同志们难过地掉下了眼泪，想起那些牺牲的战友们，我也抑制不住心中的悲痛。

四周的枪声渐渐沉寂下来，军团直属队的同志们三三两两地赶上来。我找到军团首长，报告了无线电队的损失情况。罗主任告诉我，军团直属

队损失不小，政治部只跟他过来了一部油印机。他还表扬我们说，你们电台的同志不错，在这样险恶的形势下保住了电台。听他这样讲，我激动得一时说不出话来。从直属队其他同志那里，我已经知道了，军团首长一直坚持在江边，和同志们一起战斗。没有他们指挥部队的掩护，哪里有电台的安全啊！

过湘江后，我们进入了连绵不断的崇山峻岭。这里是人烟稀少的苗族聚居区。长征以来，罗主任一再强调要各单位注意开展沿途的群众工作，我们无线电队还几次受过他的表扬。可是，这里的苗胞在反动派压迫下，都逃往深山里，连个人影也看不到，怎么进行工作呢？更糟糕的是粮食也快吃光了。同志们还要抬着电台和器材，部队严重减员，再加上缺少粮食，不及时采取措施，很可能不出苗山就会被拖垮。

这时，我听说军团卫生部担架队要解散，就去找军团首长求援，要是能够给我们补充几个人，就解决大问题了。我找到黄甦政委，没等我把话说完，他就发起火来："这几个人补充战斗部队都不够，哪能给你们？告诉你，一个人也不给，如果把电台丢了，我杀你脑壳！"碰了这样一个钉子，我很懊丧。看我失望的样子，站在一边的罗主任笑了："袁政委，电台的同志是很辛苦，可是，战斗连队更需要人。你们还是靠自己的力量克服困难吧。"道理我也清楚，连队多一个战士，打仗就多一份力量，和他们相比，电台再重要毕竟不是冲锋陷阵的。可是，眼下我们的处境也实在困难。罗主任仿佛看透了我的心事，又说："你们无线电队出发以来一直是军团的模范单位，我相信你们，你也要相信电台的同志们，只要讲明道理，我们的红军战士都能以一当十，也能克服任何困难的。"

罗主任的一番话，一下子使我开窍了。对呀，把困难摆到大家面前，依靠大家想办法，一定能够把电台运出苗山。

回到无线电队，我就把干部召集起来，传达罗主任的指示，让大家都来出谋献策。同志们你一言我一语，很快就想出了不少办法。可是，司务长提出的粮食问题，却引起了一阵沉默。突然，有人打破了冷场："我看，粮食问题必须立即解决。队伍出发前，先派几个人到前面去搞粮食，搞不到别的，搞些红薯也好，来不及煮，就吃生的，搞到吃的，就在路旁等候部队嘛。"他的意见，得到大家的一致拥护。我们这才发现，罗主任不知不觉地来到我们身边。开完会，司务长就带着几个炊事员出发了。

经过长途跋涉，我们终于越过了山势纵横起伏的五岭山脉，到达了湖南境内的通道县。红军突破4道封锁线，付出了巨大的代价，我们红八军团也减员很大。这时，蒋介石又调兵遣将，将主力摆在我军与红二军团、红六军团之间，妄图在我两军会合前一举歼灭我们。

就在这千钧一发的关头，伟大的转折开始了。12月13日，我们收到军委的电令，决定进入贵州，向敌人力量薄弱之处前进。12月15日，我前卫部队攻克黎平。当我们到达黎平后，罗主任告诉我：在关键的时刻，是毛主席挽救了红军。在"左"倾冒险主义的领导要部队继续向湘西挺进时，是毛主席力主放弃会合红二军团、六军团的计划，改向敌人力量薄弱的贵州方向前进。罗主任高兴地对我说：袁政委，毛主席的这个建议十分英明啊。我们突破湘江后，蒋介石有两怕，一怕我们同二军团、六军团会合，二怕红军重新回到中央苏区。他把主力都摆在这两个方向，等着我们撞到他的网上去。可是，毛主席看透了蒋介石的五脏六腑，偏偏要红军向贵州前进，这一招恰是蒋介石所料不到的。我军一入贵州，甩开敌人，北可与川陕苏区的红四方面军会师，东可与二军团、六军团配合，战争的主动权就转到我们手里了。说着，一向稳重沉静的罗荣桓同志，爽朗地笑了起来，我也觉得眼前豁然开朗了。红军从撤出中央苏区以来，第一次摆脱了危局。

这时，党中央在黎平召开了政治局会议，正式决定放弃原来的计划，改向遵义方向前进，创建川黔边新的苏维埃区域。红军在贵州大地大踏步地前进着。不久，政治局的扩大会议在遵义召开了，这次会议重新确立了毛主席的领导地位，红军开始了新的胜利征程。我们红八军团，也走完了战斗的历程，与红五军团合编。我奉命带领无线电队回到总部，离开了罗荣桓同志。

红八军团仅仅存在了3个多月。可这是什么样的3个月啊！在"左"倾冒险主义的错误指挥下，红军被迫撤离根据地。在几十万强敌的围追堵截之下，边打边走。这对于中央红军是多么严峻的考验，对我们这个仓促组建起来的新军团，更是艰辛备尝。但是，一切困难终于被我们战胜了，年轻的红八军团在战斗中屡次给敌人以沉重的打击，完成了军委赋予的任务。回顾这一段浴血奋战的历程，我总要思念那些牺牲了的战友，也更加怀念和我们一同走过这段艰难历程的敬爱的罗荣桓主任。

（袁　光）

"要有个政治家的风度"

1958年3月23日，我从总政治部文化部部长被下放到齐齐哈尔市郊区"监督劳动"。行前，我同我的爱人马楠一起去看望我们的老首长罗荣桓元帅。当我们走进他房间的时候，他正像往常一样坐在沙发里沉思，眼镜放在旁边的小条桌上。他一发现是我们，便马上立起身来，顺手取过眼镜戴上，深情地看着我们，说："是你们呀！"我爱人忍不住哭了。罗帅一面亲切地招呼我们坐下，一面对我说："陈沂，摔倒了爬起来，站起来，要有个政治家的风度。"

罗帅的这句话，像进军的号角，把我从迷惘中唤醒。我凝视着这个曾经直接领导我16年、在革命队伍中教育我成长、使我深深受益的老首长，思绪万千。我觉得罗帅还跟过去一样，把我看做他的部下，亲切地教育我，鼓励我。在我还没有来得及回答他的话的时候，他同我们谈起了"祸兮福所倚，福兮祸所伏"的道理。最后他说："你们会因祸得福的。"

听完罗帅的话，我爱人收起了眼泪，我也振作起了精神，我们都有了迎接考验的信心。多年来，我们就是本着这位老首长、我们全军的好主任的教导，经历了难以描述的艰辛和痛苦，走完了这一大段艰难的旅程。

每当回忆起这难忘的往事，我就仿佛看到罗帅站在眼前，亲切地指点我，鼓励我。对我来说，他既是严师，又是慈母。

我在罗帅直接领导下工作，开始于抗日战争初期，八路军一一五师主力进入山东之后。

1943年，我在山东分局宣传部工作，从抱犊崮山区检查工作回来，在莒南县的一个小山庄向罗帅汇报，第一次同他长谈。他亲切地对我讲："你从鲁南发来的电报，我看过了。鲁南区党委在打死刘黑七（土匪头子刘桂堂）以后，克服了错误路线的影响，把工作重点放在发动群众方面来，很好。这样做，不但可以巩固已有的根据地，还可以夺取敌人阵地，将根据地扩大。"我报告了鲁南根据地已开始打破"东白山，西白山，南北18里，东西一线牵"的困难局面时，他笑着告诫我说："别忘了我们一一五师刚到鲁南吃黑豆、吃垛垛（是一种捏不成团的地瓜秧、烂梨掺和一点苞米面的摊饼）的艰难日子。要转告鲁南区党委，群众发动起来以后，要下力气组织他们生产。饿着肚子是不能坚持长期抗战的。"

罗帅不仅这样循循善诱地指引我们这些部下，让我们从自己的工作实践中总结经验，增长见识和才干，及时引导我们向前看，向我们提出新问题，要我们不失时机地迎接新任务，而且处处身教言传地指点我们树立马克思主义的科学态度，实事求是地对待一切事、一切人。他常常耳提面命地对我讲："陈沂，你向我们反映情况一定要准确，因为这是我们考虑和决定问题的根据。"

考虑和处理一切问题都从实际出发，这是罗帅领导艺术的一个十分突出的特点。1942年他根据山东的实际情况提出的"翻边战术"的战法，就是从实际出发的典范，也是贯彻了"敌进我进"的方针的。

这种战法刚提出的时候，不少同志并不理解，因为毛泽东同志的书上写的是"敌进我退"，而不是"敌进我进"。因此，报纸的文章已经排好了版，有的排字工人还以为排错了字，而将"敌进我进"改为"敌进我退"。罗帅耐心地向同志们解释说："敌进我进，就是敌人打到我们这儿来，我们就打到敌人心脏去。"这其实就是毛泽东同志常说的"你打你的，我打我的"军事原则的灵活运用。用这种战法，就是当敌军向我根据地进攻、"扫荡"时，我们以小股部队和民兵与之周旋，而将主力部队转入外线，伸向敌占区，相机拔除敌军据点，攻取敌军战略要地，迫使敌人回师，而后相机伏击、截击，消灭敌军。由于实行了这种战法，又加强了敌占区和敌军的工作（如铁道游击队这类专门在敌占区作战的部队，便是在这个时期建立的），所以我队一天天壮大，每次反"扫荡"都能取得胜利。根据地进一步扩大了，敌占区也变成了游击区。尽管敌人在我根据地四周修建了如林的碉堡和纵横如网的封锁沟，我们仍然可以来去自如。从前，由这个根据地到那个根据地，没有部队护送就不能走，如有一次我从湖西赴鲁南，就花了3个月的时间。"翻边战术"奏效以后，一个人、一个警卫员就可安全地穿行于敌人的鼻子底下。

由于这种战法的胜利，过去那种被敌人分割的根据地，又连接了起来，

山东的抗日战争出现了前所未有的大好局面。但是罗帅并不满足于这些胜利，他要我们敌工部门乘势组织伪军起义。其中规模最大的莒县莫正民、渤海王道、诸城张希贤的3次起义，影响最大，曾受到党中央机关报——《解放日报》的表扬。这3支起义部队分别编为八路军山东军区独立第一、第二、第三旅，后来都随罗帅开赴东北参加了东北的解放战争。

回忆起这些，有一次我在哈尔滨问到罗帅："你在山东的那几年，我们大家都感到工作好做，心情舒畅，这是怎么回事？"罗帅没有料到我会提出这样的问题，只是简要地讲了两句："没有什么特别的，就是我们始终是按毛泽东同志的指示实事求是地对待革命，对待同志。"

1944年，中央派一位同志到山东传达延安整风的经验，传达学习党内路线斗争的经验。传达的整风经验中，主要的是按照暴露的方针搞"民主检查"、审查干部。所谓"民主检查"，就是要每个单位的干部和群众对主要领导干部提意见，号召大家"有话就说，有屁就放"，还提出"怕影响群众发言，主要领导干部要回避"。说是"一个人发言是一个侧面，集中起来就是全面"。这种"民主检查"在山东分局、军区的几个单位如《大众日报》社、军区卫生部、战工会（即省政府）直属机关、胶东区党委机关试点后，大家就感到不妥当：山东是敌后战场，敌情一天几变，如果发扬民主不是为了增强团结，改进领导作风和工作作风，提高部队战斗力，而是使大家顶牛对立，离心离德，斗志涣散，一旦有敌情怎么应付？在民主检查中，有些群众确实提出了一些好的意见，如揭发批判了官僚主义、游击习气，等等，但也提出了一些不合理的要求。如我所领导的《大众日报》社的职工，要求每人除一件棉袄外，要发一件长袍，并且要挟领导非发不可。我向这些同志解释，并传达了罗帅的指示，指出财政上有困难，一时办不到。我引用山东省战工会（省政府）的规定，指出这个要求是与政府规定的制度不符的。但有些受无政府主义思潮影响的同志竟扬言："共产国际都可解散，这些规定算个什么！"个别同志甚至威吓我说："非发长袍不可，不发，小心你的机器。"这场风波虽说经过说服平息下去了，但却使我们深深懂得如何发扬民主，这是一个值得认真考虑的问题。

我向罗帅作了汇报，同时罗帅也接到了其他单位的类似情况报告。他经过再三考虑，与分局的几个同志做了研究，他提出了"从检查领导开始，到检查领导结束"，就是不要把民主检查当作暴露思想的手段去审查干部。

他还请示中央，建议山东停止已经开始的"民主检查"，也暂不实行尚未开始的"审干运动"。他指出，对于群众的批评，领导干部要虚心听取，认真研究，有错误就检讨，检讨了就改正，并向群众作出交代；对群众的不合理的意见，要作恳切的说服工作，不能迁就无政府主义，尤其不允许对干部动不动就让他们靠边站（回避）、就打倒。关于审干，他强调指出，即使对待混入革命队伍中的坏人，也要用正当的审干政策和锄奸政策，由组织部门或保卫部门按法定手续审查，而不能轻易地当敌人对待。

党中央和毛泽东同志，根据罗帅的建议和各地的实践经验，迅速决定停止延安的那种审干办法，并对已经发生的错误做了彻底认真的纠正。这样，就避免了康生发动的所谓"抢救运动"造成的更严重的后果，使得各地的广大忠贞的干部、党员，免却了一场浩劫。

罗帅对部下的这种严师慈母般的胸怀，我是多次心领身受而最难忘怀的。他常常批评我说："陈沂，你一根肠子通屁股，弯都不转一点，你佩服的人就好办，不佩服的人就不好办。"他告诫我："一个人专讲方式方法，忘却原则就不是共产党人；不过，一点方式方法不讲，也不是好共产党人。"我记得1944年夏天，一个区党委机关受敌军奔袭，受了不少损失，我们在报上发了一篇社论，题为《从麻痹中清醒过来》。罗帅见到报纸后专门派骑兵把我从120里外接去。他一方面勉励我，肯定了这篇社论指明了问题，提请大家警惕，是好的。另一方面则指出，题目不好，行文中也有责怪之词。他说："你主办的报是分局机关报，是代表分局说话的，是上级。上级对待下级要宽厚，出了事情做上级的要多担责任，不能无情地责备下级。即使是批评下级，也要分寸恰当，并且要充分讲明道理，使人心悦诚服。"一席话使我恍然大悟，不由得暗暗点头。从此以后，我经常以罗帅的这一亲切教导来告诫自己，务求设身处地地为下级着想，体贴他们，尊重他们，防止居高临下地对待他们。我虽然还没有做好这点，但罗帅的这种身教言传，却是我无一日不在力求遵循的。

我永远忘不了1946年罗帅去苏联治病，临行前对我的嘱咐。他说："陈沂，一个共产党员做好工作、完成任务，是本分，仅仅这样是不够的。真正的共产党员应当是政治家，应当懂得什么是正确的政治路线，什么是错误的政治路线，自觉地、清醒地拥护正确的，反对错误的。"停了一会儿他又说："这些年我看你在这方面有些进步，要继续努力。"

我记住了我的这位一直关怀我成长的老首长的话，只是我没有学好如何拥护正确路线，反对错误路线这门学问。我自信并不缺少向错误的东西作斗争的勇气，却不善于斗争，因此吃了很多苦头。罗帅21年前要我"摔倒了爬起来、站起来"，用政治家的气度接受和研究教训，我是无时无刻不念念在心。这些年中，尽管遭受了难以忍受的折磨，我始终勉励自己顽强地活着，并且顽强地学习，从被打击被迫害的教训中学习，向社会学习、向人民群众学习，努力向罗帅指点我的做"政治家"的目标前进。

罗帅和我最后的一次谈话，是1963年他临终之前。他的话是经由他专门派来的秘书转告我的。他说："陈沂，我过去是这样说，现在还是这样说，说你反领导，有可能，但还要看是什么领导，说你反党我不信。部队的文艺工作始终是贯彻执行了毛泽东同志的路线的。"

21年已经过去了，尽管21年占了我一生不短的时间，有时也真正感到光阴虚度可惜，但终究如罗帅所期望的，我终于又爬了起来、站了起来，并且像总理所教诲我的那样，带着从劳动人民那里、从社会的基层学到的一些东西站立了起来。我又重新获得了共产党员、解放军战士的称号，并分配到上海市委工作。

（陈　沂）

"给你一个极其严肃的政治任务"

我是1939年3月在山东徂徕山认识罗荣桓同志的。从抗日战争到解放战争，以至新中国成立以后十几年的时间里，我都在罗荣桓同志的直接或间接的指挥、领导下战斗、工作。在各个不同的历史时期，罗荣桓同志都给了我许多具体的指示和教诲。

"你们要看得远一些，深一些"

　　1939 年 3 月，我正在山东泰安县境内的徂徕山，做整顿泰安独立营的工作。那时我是中共泰山区特委（后改为泰山区地委）的军事部长。一天，山东纵队第四支队副司令赵杰同志来到徂徕山，带给我一份山东纵队的电报，大意是要我俩配合接送罗荣桓同志过津浦路去山东分局的所在地沂水县王庄。罗荣桓同志当时是一一五师政委，他受党中央的委托，到山东分局传达党的六届六中全会精神。于是，我和赵杰同志商量好，由他负责接，我负责送。罗荣桓同志来的时候，带了一个全副武装的骑兵排。这是我第一次与罗荣桓同志接触。他和蔼可亲，给我留下了很好的印象，稍事休息后，罗荣桓同志继续奔赴王庄，我们按预定部署，带部队警戒掩护，保证了罗荣桓同志路上的安全。

　　不久，罗荣桓同志从山东分局回来，在徂徕山作了短暂的停留。他洗了脸，吃过饭，就开始询问我部队整顿的情况。当听说群众抗日情绪高涨、对坚持斗争很有信心时，他点点头说："很好。"接着，他又向我了解泰山特委的工作情况。我打开一张山东省的地图，用笔画出了泰山特委所管辖的泰安、莱芜、新泰、泰（安）泗（水）宁（阳）边区、章丘、淄川、博山七个区县。我说，这些区县都建立了党的县委、区委，一些村镇建立了支部。莱芜、新泰、博山建立了县政府，也建立了一些区政府。工、农、青、妇群众团体在一些地区也建立起来了。津浦与胶济铁路线亦建立了一些地下工作。罗荣桓同志听后，微笑着说："很好，地区很大呀！人口有多少？"我回答说："我们控制的地区有 100 万至 150 万，游击区 200 万，不包括敌占区。但与中央六中全会的要求，还相差很远呢。"这时，罗荣桓同志稍微思索了一下说，六中全会的精神我已向分局传达了。分局还要开会。你们在这里工作，也与你们谈谈，你们就可以执行嘛！六中全会的主要精神，是要独立自主，坚持敌后游击战争，大刀阔斧地放手发动群众，创造抗日根据地，搞好统一战线。这些就是敌后党、政、军光荣而艰巨的神圣任务。罗荣桓同志看了一下地图，边看边用手指着说："我们用公开的武装斗争和隐蔽斗争相结合的办法，尽最大力量来控制住徂徕山。徂徕山与泰山之间，特别是与莲花山之间，要与敌作反复的斗争。这是关系到山东与

党中央的联系问题，关系到山东纵队、新四军与中央、中央军委、总部联系的问题。要从这个角度来看徂徕山的重要性。"

徂徕山西扼津浦铁路，东与我莲花山根据地成掎角之势，下临泰（安）新（泰）公路，向北亦可控制泰（安）莱（芜）公路，战略地位十分重要。罗荣桓同志从全局的高度提出这一山区的重要性，使我们更加认清了把徂徕山、莲花山地区建成巩固的敌后根据地的重大意义。罗荣桓同志面对地图，先看了津浦线，又看了胶济线，他加重了语气继续说道："你们隐蔽斗争的侧重点，是在津浦线大汶口南北，各争取一些灰色部队。在胶济线上，也要争取些灰色部队（后来称为革命两面派）。这些人可能说不愿继续当汉奸，要反正，不愿干。这要向他们讲清道理。这是控制战略交通所采取的必要手段。如能控制一个二三十人，或三四十人的炮楼，会起到我们一个营、甚至一个团所起不到的作用。"

说到这里，罗荣桓同志拿出一支烟，掏出火柴点燃，深深地吸了一口，继续说："你们要看得远一些，深一些。要根据敌我力量和形势，来区分敌占区、游击区和根据地。凡属敌人占领的城市、铁路线、公路线为敌占区；离敌占城市、铁路、公路线近的一些乡、镇和大村庄，今年是我们的根据地，明年可能变为敌人可以到，我们也可以去的地方，这叫游击区；在我们的力量占优势，又离敌人远些的地方，我们就要按毛主席在井冈山的办法，使军队成为战斗队，工作队，生产队，大胆地放手发动群众，给群众以利益，建立巩固的根据地。区分三种地区，采取三种不同的斗争方式和工作方法进行工作。要互相配合，互相支援。首先要把根据地建设得巩固，作为依托，游击区才能坚持，才能扩大影响，争取敌占区的民心，争取敌占区人民来支援根据地的建设。"

说到根据地的建设，罗荣桓同志循循善诱地说，根据地建设的中心任务是武装斗争，扩大军队，建设军队。要建设主力军，地方军，县、区武装。在敌占交通线上要争取一部分灰色部队；在游击区，要搞小部队分散活动（以后叫武工队）。根据地除了主力部队外，还要搞自卫队（以后叫民兵），最广泛地发动群众，坚持残酷的对敌斗争。罗荣桓同志还讲了根据地的政权建设问题。他说，专区，县、区、乡、村镇，都要把政权建立起来。在发动群众、组织群众的基础上，用民主的方法，经过群众酝酿、各方协商，召开代表会议选举产生。在一些地区，亦可以军队出面，邀请各方代表及社会开明贤达人士举行会议，推选适当人选，建立政权。

罗荣桓同志还特别讲到斗争的政策和策略问题。他强调说，对国民党的正规军要坚持又团结又斗争的方式，以斗争求团结。对汉奸土匪的游杂部队，特别是一些勾结日伪的反动地主武装（地头蛇），要坚决消灭或彻底改编。否则，一到形势紧张时，他们就会叛国投敌，危害极大。晋察冀、太行山都在这样做。凡是这样做的，形势就很好。这个经验，我已与分局、纵队领导讲了，你们要贯彻执行。

罗荣桓同志的这些重要指示，给了我很大的启发和教育，使我茅塞顿开，对坚持敌后抗日根据地的方向和斗争的方法更加明确了。罗荣桓同志走后，我立即将这些指示向泰安县委做了传达，对徂徕山、莲花山、泰山之间的对敌斗争部署作了调整。随后，我又赶回特委向常委作了汇报，大家坐在一起进行了热烈的学习和讨论。特委书记夏辅仁和特委宣传部长董琰同志，曾在白区做过地下工作，被捕过，遭受过敌人的残酷迫害。体会特别深刻。他们回顾了过去斗争的经验教训，感慨地说，我们过去与敌人斗争，就是没有正确地区分不同情况和采取不同的政策，吃亏太大了。今后一定要坚决按照罗荣桓同志的指示办。在"太河惨案"以后，特委召开了县委书记会议，进一步贯彻罗荣桓同志的指示。特委还召开了群众组织代表会和各界代表会议，建立了山东省泰山区7县联合办事处（后为泰山区专员公署），统一了泰山区的行政领导，加强了抗日根据地的建设。我们按照罗荣桓同志的指示，区分三种地区，采取三种不同的斗争方式和工作方法进行工作，并坚持了公开斗争和隐蔽斗争相结合，下大的气力做巩固徂徕山、莲花山抗日根据地的工作。

按照罗荣桓同志的指示，我们在大汶口南北铁路线和胶济线争取了几个灰色的点。大汶口以南由泰泗宁县委书记钟祥同志负责争取了一个炮楼，泰安县委在大汶口以北也争取了一个炮楼，是县委书记张烈同志领导的。胶济线在明水和张店之间亦争取了一个炮楼，是淄川县委书记赵汇川负责的。每个炮楼二三十个人，明里是伪军，取得在日军眼皮下活动的方便条件，暗中是我党的地下交通线。1942年，我们得知胶济线上明水和张店之间敌人的一个炮楼中有十几挺机枪，几万发子弹，就想把这些装备搞来补充部队。在行动中遇到了意外没有搞成。事后我向罗荣桓同志报告这个情况，他严肃地说，这种事情以后不能再干。为了十几挺机枪，几万发子弹，

而暴露了我们一个点。太可惜了，是得不偿失的。这使我很受教育，进一步懂得了党的公开斗争和隐蔽斗争的关系。这几个点一直坚持到1945年日军投降，为保证党的这条贯通南北的秘密交通线畅行无阻，做出了很大贡献。有些党中央、中央军委的重要文件，从这里转达到山东、华中，到中央开会和学习的干部以及中央、中央军委、总部派来山东、华中的干部，也有许多人是从这里安全通过的；胶东、鲁中开采的金矿，炼成金条，也是通过这一交通要道，源源不断地送至延安……实践证明，罗荣桓同志具有纵观全局的战略眼光，他在徂徕山给我们作的重要指示，不仅对巩固我们泰山区抗日根据地的工作起了重大的作用，而且对我党领导山东抗日斗争的全局形势，都有深远的影响。罗荣桓同志的确看得远，看得深啊。

"要独立自主地坚持敌后抗战"

1939年秋，我一一五师在梁山地区给日军以重创后，转移到津浦铁路以东。罗荣桓同志率师直部队也转移到泰山以南的地区来。这时，日军为了准备对鲁南地区（泛指胶济路以南陇海路以北的地区）的大"扫荡"，调动其驻泰安、新泰、莱芜的部队首先对我莲花山根据地实行4路合围的"扫荡"。对敌人的行动，我们早有准备，即采取分头突围，使敌人扑了个空。我率部队转移到相距一一五师的指挥部不到70华里的新泰、蒙阴之间时，接到罗荣桓同志的通知，要我立即到指挥部去一下。

我即刻备鞍上马，直奔指挥部。我走进屋子的时候，罗荣桓和陈光同志正在看地图，研究情况。看到我进来，罗荣桓同志停止了工作，迎上前来，亲切地招呼我坐下，便向我询问部队的情况。我向罗荣桓同志报告说，除了四支队有较小的伤亡外，部队都胜利地突围出来。罗、陈首长听到后，很高兴地连声说："这很好嘛，这很好嘛!"罗荣桓同志接着说："这是敌人对鲁南进行大'扫荡'的前奏，敌人企图把我们靠铁路不远的部队，向内地压，然后把我们合围在鲁南内地。"他稍微思索了一下，继续说道："敌人这次对鲁南地区'扫荡'所使用的兵力，可能比'扫荡'鲁西地区使用的兵力还要多。他们的重点，放在山东分局、山东纵队的驻地沂水县王庄一带；其次是驻鲁村的国民党鲁苏战区司令部东北军于学忠部；再次是国民党山东省省长沈鸿烈的驻地东里店一带。你们应分散活动，以营、连为单位,敌东你西,敌西你东,与敌周旋,暂不搞破袭,待敌人进到内地,再视情况开展破袭。"

罗荣桓同志停了一下,从衣袋里掏出香烟,递给我一支,自己亦点燃一支,深深地吸了一口。他话题一转,说:"石友三、高树勋部在山东时,与我们关系很好,未搞摩擦。但到了河北,在蒋介石的压力下,开始反共。东北军过去与我军的关系也很好。因为东北军内许多官兵是东北人,流亡异乡,有思乡观念,有抗日救国的思想,这是能够团结抗日的一面。但其内部并不一致,在蒋介石的指使下,也有些人要同我们搞摩擦,这一招必须看到。至于沈鸿烈,他是一贯反共的,其属下的秦启荣部则是坚决反共的。对此,我们要区别对待。对东北军,应尽力争取团结之,可以向他们提供敌情,支持他们反'扫荡'。他不威胁我之安全,我不予还击;对国民党山东省政府,也尽量推动他们抗日,对于他们的抗日行动,也可以提供方便,但应警惕其反共行为;对坚决反共,制造'大河惨案'的秦启荣部,要警惕他配合敌人向我进攻,在条件成熟时,就坚决予以反击。你们就按这样的方针办,将情况及时报告我们。"

罗荣桓同志喝了一口茶,意味深长地说,我们在大革命中,就是因为没有坚持独立自主的方针,所以将轰轰烈烈的大革命丧失了。现在的情况更为复杂,要反对汪精卫的卖国投降,反对国民党顽固派搞反共摩擦,一定要独立自主地坚持敌后抗战。

实践证明,罗荣桓同志认真贯彻党中央的路线、方针、政策,强调独立自主地坚持敌后抗战,是非常正确的。1939 年以后,国民党顽固派连续发动三次反共高潮。在山东的鲁中地区,顽固派秦启荣的两股军队,在新泰以东、以北地区,投降了日本人。日军"扫荡"以后,他们乘机占领我莱芜、新泰以东的一些地区,并设立据点,向我"蚕食"。按照罗荣桓同志和山东纵队的指示,我们对这些反动家伙坚决予以反击。我恢复了莲花山根据地以后,乘敌立足未稳,主动出击,消灭了这两股敌人。一一五师教二旅也在蒙阴以南,消灭了几股投降敌人的部队,在费县北面也消灭了向我根据地"蚕食"的敌人。当时在蒙阴以北,由于国民党县长郑小荫投敌,切断了我沂蒙区与泰山区的交通。山东纵队即调集主力,组织了反"扫荡"战役,拔除了敌人据点,消灭了郑小荫的大部,恢复了沂蒙区与泰山区的交通线。

"沂山、鲁山、蒙山是山东的心脏"

1939 年 8 月，一一五师主力进军鲁南。9 月至 10 月进入蒙山以南的抱犊崮山区（这一地区亦称"鲁南区"，指蒙山以南地区，后建有鲁南军区）。沂蒙山区在山东的腹地，有沂山、鲁山、蒙山三个山脉，传说共 72 崮，绵延数百里，山峦起伏，地形复杂，离铁路干线较远，是我山东敌后抗日根据地的中心。罗荣桓同志曾高瞻远瞩地提出沂山、鲁山、蒙山是山东的心脏。一定要在这里建成巩固的敌后抗日根据地，这是一项具有战略意义的方针。

从 1939 年下半年开始，日伪和顽军互相勾结，向我山东抗日根据地发动了大规模的进攻，斗争形势越来越严重。我沂蒙山根据地大部分被压缩至沂蒙公路以南地区（南沂蒙）。1940 年 6 月，敌人为了争夺沂蒙地区，解除我对津浦、胶济、陇海线的威胁，集中兵力向这一地区进行"合围扫荡"。国民党军队也在向我步步进逼。1940 年 10 月，罗荣桓同志率一一五师机关由抱犊崮山区来到沂蒙区，与山东纵队会合。在一次干部会议上，他对坚持沂蒙山根据地做了重要的指示。他说，山东这三个山区，我们现在只控制了蒙山，只有蒙阴到沂水的公路，北沂蒙地区还有几个崮在坚持。敌人还在向我们"蚕食"。对此我们要寸步不让，反复争夺，以反"蚕食"斗争来巩固沂蒙山。否则我们就要被敌人逼到一些边缘地区了。

说到这里，罗荣桓同志问我："沂山、鲁山的北面，主力撤出了，那里还有没有几支小部队？"我回答说："有。在博山，有张敬焘同志领导的百余人；宜都，有冯宜之同志领导的七八十人；在淄川，有赵汇川同志领导的五六十人。我们还从部队抽了一些骨干，组成了一个胶济大队，由于松江、张会元同志领导，活动在胶济路南北地区，支援这些地区的抗日斗争，进行扩军、筹粮、筹款，开展铁路工人运动。还有第 4 支队的徐华鲁同志在博（山）莱（芜）地区有两三百人、百多条枪的小部队伍。"罗荣桓同志听后说："这很好，要扶持、帮助这些小部队，不要再编掉了，他们人枪虽少，但作用很大，对以后收复沂山、鲁山地区会起很大的作用。"

罗荣桓同志分析了敌我双方的形势，进一步说，敌伪和顽军对沂蒙区的争夺将是长期的、严重的。除了日军的"扫荡"外，蒋介石驱使东北军于学忠部的五十一军，还有沈鸿烈、秦启荣部向南逼我，蒋介石还要李仙洲部入鲁反共。所以，在沂蒙区，敌、我、顽三角斗争中，我受敌顽夹击的形势，可能比任何地区都严重。日本侵略军的"扫荡"将会更多、更残酷，顽军配合日伪的夹击也会更多、更频繁。对此要有足够的认识和充分的思想准备。我们现在的任务一要坚持鲁南抱犊崮山区，从南面堵住牵住敌人；二要坚持南沂蒙地区，顶住北面来的压力。在胶济路以北，要加强清河地区和胶东地区的斗争。泰山区的第4支队再向东压，这样就形成了我们从北面、西面和南面来反包围敌人，配合坚持沂蒙区的斗争。还要采取各种斗争方式方法来缩小敌占区，扩大根据地。罗荣桓同志的这些指示，给我们坚持对敌斗争、巩固沂蒙山敌后抗日根据地指明了方向。

1941年11月，据当时的情报说，日派遣军总司令畑俊六调集了第十七师团、第二十一师团和驻临沂的第三十二师团，以及驻泰安的长岛独立旅团、驻青岛的柳川混成旅、驻德州的第十旅团，共五六万人，对沂蒙区进行了持续一个多月的大"扫荡"，实行了"铁壁合围"、"梳篦清剿"和残酷的"三光"政策。他们在沂蒙区设置了几十个据点，顽军也趁机向我"蚕食"。我主力部队迅速转入敌后，开展了破袭战。罗荣桓同志亲率一一五师的部队几进几出敌人的合围圈，掌握情况，指挥作战，支持人民坚持斗争，粉碎了敌人的大"扫荡"。日军撤退以后，我们在以罗荣桓同志为书记的山东军政委员会的指挥下，先打下蒙阴到沂水公路一线上的敌伪据点，接着，又发起了攻打沂蒙区中心日军盘踞的铜井据点的战斗，拔掉了这颗钉子，去掉了心腹之患，将铜井金矿掌握在我们手中。然后又一鼓作气，打了沂（水）蒙（阴）公路、沂（水）临（沂）公路线上几个敌伪据点，给了日军以狠狠的打击，使沂蒙区恢复到敌人"扫荡"之前的态势。

1943年年初，山东抗日根据地已实现了党的领导一元化。罗荣桓同志任山东军区司令员兼政治委员。以后又兼任山东分局书记。这年11月，日军以万余人的兵力对全山东进行了一次轮番大"扫荡"，首先向鲁中根据地"扫荡"。在罗荣桓同志的统一指挥下，我主力部队转向敌人侧后打击敌人，同时也留了一部分部队凭险固守，钳制"扫荡"的敌人。我当时任鲁中军区第二分区司令员。我分区第十一团八连，坚守蒙阴县南北岱崮达18天，以牺牲2人、伤7人的代价，取得了毙伤敌伪300余人的胜利。12月，罗荣桓同志发布嘉奖令，授予八连以"岱崮连"的光荣称号。外国新闻社都发表了新闻，在国内外产生了很大影响，极大地鼓舞了根据地的军民。

1943 年 1 月，国民党山东新编第四师师长吴化文部正式投敌，所部编为伪"和平建国军第三方面军"。他们原属国民党山东省政府沈鸿烈指挥，沈鸿烈与东北军于学忠部有深刻矛盾，沈被调离山东后，吴化文投敌。吴部在日军支持下，积极进攻驻在北沂蒙的东北军于学忠部，给东北军以极大威胁。此时，罗荣桓同志及时指示鲁中军区，支援东北军，讨伐吴化文。这一行动，使于学忠及其五十一军非常感激我们。1943 年 5 月，日军 2 万余人"扫荡"于学忠部，于学忠的总部转移到我防区，我予以大力支援。7 月，于学忠部调往大后方去时，我们又予以帮助和欢送，使他们深受感动。临行时，主动将他们驻守的一些重要的山崮移交给我们。这样，沂蒙区的形势进一步好转了。

五十一军调离山东后，罗荣桓同志发出了讨伐伪军吴化文部的指示。在鲁中区党委、军区的指挥和滨海军区主力一部的支援下，进行了 3 次讨吴战役，给吴化文部以歼灭性的打击。在第 3 次讨吴战役中，我鲁中第二分区警卫营和第十一团在石门、官庄的一次攻坚打援的战斗中，歼灭了敌一个团的大部，毙敌 200 余人，俘敌 300 余人，缴获轻重机枪 20 余挺，步枪 300 余支。同时又给吴化文亲率的增援之敌以重创，取得了毙伤敌 300 余人的胜利，将敌人迫在莱芜以西、鲁山南麓的南麻、悦庄、鲁村一线。接着，鲁中军区主力第一团，突然袭击莱芜城东重镇郑王庄，一举攻克吴化文总部，俘伪八大处的将校级军官数十人，士兵千余人。我二分区警卫营和十一团，又在小张庄、铁车、阎王鼻子一线，给吴化文的增援部队以重大杀伤。被包围在南麻、悦庄、鲁村的敌人，惧怕被歼，连连呼救。最后，在日军的掩护下，仓皇撤出了这个地区。

在实现党的一元化领导以后，罗荣桓同志坚决贯彻执行了主力地方化的方针，并且大力加强了"三位一体"的军事建设，就是要有野战军、地方军、民兵三者的密切配合，以发展壮大人民的武装力量。山东各区的部队按照山东军区的统一规划，进行了整顿，统一编制。鲁中军区有野战军第一、第二、第三、第四团。我所在的第二分区的地方军有一个独立团，以后加强改建为第十一团。地方武装还有各县县大队和区中队，各村都建立了基干自卫队。

为了加强人民的武装斗争，必须充分发动群众。山东分局提出，"要给群众以实际的利益"。在沂蒙区我们坚决实行减租减息，同时，教育农民在减租减息以后，要交租交息，以达到争取地主与农民团结抗日的目的。实行减租减息的政策以后，又把群众组织起来，开展大生产运动。还开展拥军优属运动，军爱民、民拥军，形成了参军的热潮。各项建设根据地的政策的贯彻执行，使根据地呈现出发展和壮大的新局面。到 1944 年春季，沂山、鲁山、蒙山地区终于连成了一片，成为我巩固的抗日根据地。

"要为迎接大反攻做好准备"

1944 年 7 月 20 日至 10 月，在山东滨海地区日照县碑廓镇，由罗荣桓同志主持，召开了山东军区军事工作会议。会议总结了山东 7 年抗日战争的经验。黎玉同志作了政府与财经问题的专题报告，萧华同志作了军队思想政治工作、军队生产的专题报告，各二级军区对军队建设作战问题作综合发言。最后罗荣桓同志作了会议总结。我参加了这次会议。

罗荣桓同志肯定了山东抗战中独立自主坚持敌后游击战争，创建敌后抗日根据地的成绩。他说，我军由小到大，由弱到强，发展到野战军、地方军共 10 多万人，游击队（武工队）、民兵 30 多万人，这是重大的胜利。要发展这些胜利、巩固这些胜利，在军事上、政治上、经济上为迎接大反攻做好准备。

当时，山东正处于大反攻的前夜。我根据地得到了巩固和发展，我军的数量和质量都有很大的发展和提高。但敌人的力量还较强，日军有 3 万余人，伪军有 10 余万，顽军也还有 10 万左右。敌人还占据着城市，铁路、公路等主要交通线还控制在敌人手中。为了迎接大反攻的到来，罗荣桓同志提出，在敌强我弱基本形势未改变前，我们在军事上坚持以分散性的游击战为基本指导方针，但也不放弃有利条件下的运动战。要利用我根据地的巩固、回旋地区的扩大等有利条件，相机夺取某些已陷入孤立和深入我各个地区之间的较大的敌伪据点，进一步扩大根据地，缩小敌占区。在政治上，搞减租减息，改善人民生活，在新老解放区，放手发动群众，进一步发展壮大我们的力量。

罗荣桓同志在军事工作会议上对于山东军事斗争的战略部署提出了设想，即着重向胶济路东段两侧地区发展，并由此扩大渤海、鲁中、胶东、滨海各区在该地区的联系。特别要求鲁中军区向东发展，开辟与扩大诸城、

安丘地区，与滨海军区及渤海军区扩大联系。南面要加强临（沂）费（县）边的斗争，与鲁南军区连成一片。向西要改善与鲁西地区的交通。

创造这个局面，我们还要打很多仗。敌人还会有一定规模的"扫荡"。在我军攻据点时，敌人会来增援，这就给我军在运动中造成打小歼灭战的机会。各军区、军分区要不失时机地、主动地打小规模的战斗，锻炼提高部队，为今后我军打大仗、大发展打下良好基础，为大反攻做准备。

为了适应大反攻的需要，罗荣桓同志指出，加强部队的训练，全面提高部队素质，是迫在眉睫的问题。过去，部队主要打分散的游击战，也打过一些运动战，但规模小，时间短。今后，要向时间长、规模大、部队多的协同作战发展。部队训练的重点是射击、刺杀、投弹、爆破。特别是爆破技术要有新的发展，这对攻坚作战极为重要。在攻坚、打援的战役战斗中，还要解决好"啃骨头"（战斗艰苦而俘获较少）与"吃肉"（俘获较多）的问题，各级干部要亲自动手，把这些问题一个一个地解决好，提高干部的战略、战役和整体观念。要教育部队认清新形势，巩固老区，发展新区，逐步攻占中小城市，孤立大城市，最后攻占大城市。

罗荣桓同志还谈了军民关系问题。总之，通过这次会议，全面部署了大反攻前的准备工作，使全体干部进一步认清了新形势，对下一步的工作有了明确的方向。

1944年10月中旬，我回到军分区机关，立即将会议精神向地委、专署、分区的领导同志作了传达，结合军分区的情况进行了讨论。我们首先做了反敌人"扫荡"的准备工作。发动群众组织武工队、基干民兵，深入临沂、费县以北地区活动，在各交通要道埋设地雷。分区部队向西深入蒙阴、新泰地区展开对顽军的政治攻势，根据地人民做好坚壁清野的准备。部队则加紧射击、投弹、爆破等技术训练。做到严阵以待。

11月中旬，在山东军区统一部署下，滨海军区进攻莒县，我分区奉命向临沂、费县方面进攻，并向鲁南方向发展。我率鲁中军区第四团、我分区第十一团、警卫营和南部的几个独立营，向敌人主动出击，以达到钳制敌人向莒县增援的目的。十一团和警卫营先攻临沂县汪沟之伪皇协军王洪九部设防的据点，四团打援。得手后，四团进攻半城敌设防的据点，十一团打援。我警卫营和侦察队，深入临沂以北的葛沟，打敌伪区公所，均获得了胜利。接着，我军挥师西进费县以北打诸满。十一团、警卫营进攻诸满伪军邵子厚与日军联合防守的据点，四团打援，亦取得了胜利，从而使鲁中军区在临沂、费县方面与鲁南区连成一片。实现了罗荣桓同志关于这个方向上发展的战略意图。之后，我又率四团、十一团、警卫营北上，作攻蒙阴城之准备。

"中央的这个指示非常英明"

当山东我军正在举行大反攻的时候，1945 年 9 月中旬，我分区部队参加攻克临沂城以后，我正在组织指挥部队继续围攻临沂、费县间的伪皇协军王洪九部，突然接到罗荣桓同志的亲笔信，要我立即到山东军区驻地莒南县大店去。我意识到将有重要的任务，便即备轻骑，快马加鞭，百十里路一口气赶到。

当我走进罗荣桓同志的办公室时，他手中拿着一份电报，正在对着地图沉思。我向他敬礼，报到。罗荣桓同志转身与我握手，亲切地招呼我坐下，随即将手中的电报递给我。这是一份中央关于"向北发展，向南防御"的指示电报。在我阅读电报之时，罗荣桓同志兴奋地连连说了几遍："中央的这个指示，非常英明，非常英明。"我看完电报，罗荣桓同志对我说："中央决定抢占东北。山东分局、军区决定，中央要什么，给什么。现在，部队正向冀东、胶东集中，万毅同志率第一批已经走了。萧华同志为第二批，今天早上亦走了。军区决定你随萧华同志走。你的任务由其他同志接替。你必须在诸城，至迟也要在莱阳赶上萧华同志，不得有误。"任务之重要，时间之紧迫，是很明白的。这使我看到，罗荣桓同志执行中央抢占东北指示的决心之大，行动之快。我当即表示，坚决服从命令。罗荣桓同志又说："你们先走，我去不去，中央尚未最后决定。我待接替我工作的同志到达后，也准备去。"接受任务以后，我又赶回部队做了简短的安排即起程北上。两天两夜，马不停蹄地赶，在胶济路边，赶上了萧华同志。我们从龙口乘船，来到东北。几个月后，罗荣桓同志也来到了东北。

我们渡海进入东北后，先在南满地区"安营扎寨"，建立根据地。

1949 年 4 月下旬，这时东北我军保卫四平的作战已经结束，战局非常紧张。罗荣桓同志从大连治病后回到安东，他受中央和东北局委托，部署南满对敌斗争任务。他到后，与南海分局和军区领导同志萧华、江华、刘

澜波、林一山、莫文骅等谈话，向各级领导干部了解对敌斗争形势，深入地进行调查研究。那时我在辽东军区任参谋处处长。一天，罗荣桓同志打电话问我："有二十五万分之一的地图吗？"我说："有。"他说："你带几个人来与我挂上。"我即与作战处长肖剑飞等同志，带着锦州、沈阳、抚顺、梅河口、通化以南的地图来见他。地图挂上后，肖剑飞同志把我军和敌军驻地分别用红黑两色旗标好。罗荣桓同志看了地图说："很好。"又问我："你有各部队实力统计吗？"我回答："有。"罗荣桓同志说："你明天上午8点，带实力统计到我这里来。"

第二天，我按指定的时间来到罗荣桓同志处。他仍在地图前看着，思考着。见我来到，便停下来说："好，你来了，就谈谈吧。"我拿着实力统计表，向他报告说，第三、第四纵队各有3万人左右，已从接收的日军装备中补充了各种武器，主要是炮、轻重机枪和步枪；我在安东市有直属支队。两个步兵团，3000多人，一个小炮团，有20门山炮、野炮，还有几门在修；安东市保安司令部有4000余人，编两个团，还有区中队和民警；辽南（指中长路南段地区）有两个军分区和县、区中队，也有4600余人；通化市有刘西元支队，5000人左右；在抚顺市东北，有彭龙飞的保安第3旅，有3个团，4200余人；还有李红光支队（朝鲜族）3个团，3500人，在剿匪中还有一定的战斗力。另外还有县、区、乡的武装，有的二三十人，有的四五十人，共有1万多人。这是二月份的统计数字。辽河以西3个县没有统计。

罗荣桓同志从我手中接过统计表看了看，用红笔边画边说："12.2万余人，山野炮、迫击炮250门，轻重机枪530挺，步枪6万余支——不错，很好！"他点燃一支烟，吸了一口说："训练很差吧!？你说呢？"我回答说："是的。"他又说："我看，首先应当加强两个主力纵队。如把安东市保安部队，编1200人的一个团，其余的两个团，再从一些区中队中抽一些部队，共四五千人，补充第四纵队；把刘西元支队全部编给第三纵队；把保三旅1个团留通化。减少一些单位，加强领导。主力加强了能打仗，也可以支持地方部队的生存、发展、壮大。否则，敌人进攻时，一部分地方武装会被敌人搞垮的，甚至有的会投敌。"

罗荣桓同志站起来，走到地图旁，顺手拿一支笔指点着说："部署也要调整一下。三纵队控制在梅河口到通化铁路以西地区；四纵队放在安（东）

沈（阳）铁路线以东地区。两个纵队背靠长白山、鸭绿江。李红光支队放在抚顺、永陵（属新宾县）间，钳制袭扰抚顺的敌人。直属支队的两个团，留一个营给萧华同志做警卫营，其余的你带着去辽南，再组建一两个团，控制营口到沈阳这一重要地区。彭龙飞带两个团，放在安沈线上的连山关，袭击、钳制本溪湖之敌，那里将来可以成立一个军区。"他问我："这样可以吗？"我深深地为罗荣桓同志对形势深邃的洞察力和从战略全局出发的周到部署所折服，连连回答："非常好。这样既能打进攻战，也能打防御战。进可集中兵力，选择敌之弱点打击敌人。退亦可以守。另外还有1万左右的县、区、乡中队、分队，建议三、四纵队抽少数干部加强地方部队的领导，来彻底消灭残存的土匪。"他点点头说："这个意见很好。"

他吸了口烟，继续说道："我前面讲的是作战的布局。有了作战布局，还是一个设想。接着就要有战场准备。现在辽南有两个军分区，安东市也要安一个军分区，在东丰、西丰地区再建一个军分区。地委和军分区要放手发动群众，搞减租减息，给基本群众以利益。这样配合军事打击与发动群众，才能彻底消灭土匪，准备好战场。"他稍稍停了一下又说："当前最中心的是部队的训练问题。干部训练又是中心的中心。我与一些干部谈话时，发现他们对运动战的认识很模糊。所谓运动战，是大踏步地前进，大踏步地后退。在运动中分散敌人，寻找敌人的弱点，歼灭敌人的有生力量，改变敌强我弱的形势。还要搞技术训练。所谓技术训练，主要就是这些山野炮、榴弹炮和迫击炮的训练。不好好训练，不能发挥作用，还会打自己。再就是步炮协同要做联合演练。应该搞个计划，先小后大，通过演练来解决协同作战问题。"

听了罗荣桓同志的这些话，我感到他具有一个战略家的气质，他能那样通盘着眼全局，又能那样具体地注意局部，使人感到他的胸中有一盘棋，这盘棋进能攻，退能守，运筹自如而又高人一招。在山东是这样，在东北亦是这样。他谈一次话，或仅用寥寥数语，就能拨亮人们心中的灯，使人心明眼亮。

罗荣桓同志部署了南满的工作以后，就要回北满总部去了，我们送他上了火车。这时我已被任命为辽南军区司令员，告别时我对他说："罗政委，我两天以后就要去辽南工作了。首长还有什么指示？"他说："要按在沂蒙区那样办，就能干好的！要按在沂蒙区那样办，就能干好的。"他加重

语气重复了两遍。我理解，这是要我们建立像沂蒙区那样巩固的根据地，要有那样艰苦斗争的精神准备。

以后，在我们坚持辽南斗争的艰苦历程中，罗荣桓同志的这些指示，时时成为指导我们工作的方针。在东北军区、辽东军区的领导下，我们在敌后，坚持了辽南的对敌斗争。我们配合四保临江、三下江南的历次重大战役，钳制着国民党的新六军。我们曾4次攻克大石桥，扼住了敌人的咽喉，切断了敌人从营口到沈阳的供应线，得到东北军区和辽东军区4次嘉奖。1948年年初又取得了攻克营口战役的大捷，歼敌两个师零一个团，争取国民党军王家善师起义，切断了敌人的海上运输线。

根据罗荣桓同志的指示，我们创建了旅顺大连地区（当时为苏军驻守）以北，普兰店、皮子窝以南，东西60华里、南北25华里的小根据地，作为辽南地区党政军民对敌斗争的依托。这片在敌人后方的地区，共有群众三十五六万人。我们发动组织群众参加对敌斗争，建立县、区、乡政权。在这片地区内，我们建有兵工厂，可修理各种枪、炮，可造迫击炮弹、地雷、手榴弹；建有被服厂，可供应我军的服装、鞋袜、手套、帽子等；建立了医院，收治伤病员；建立了印刷厂，发行《辽南日报》和书刊；建立了干部学校，培训军队、地方干部。同时还成为野战军战后休整的基地。这块地区虽然不大，但由于党政军民团结战斗，充分发挥了根据地的作用，敌人攻不破，打不烂。经过三年的英勇战斗，我们终于打破了敌人的封锁，歼灭了敌人，收复了失地，迎来了辽沈决战的伟大胜利。

在1948年春，辽南军区的部队同辽宁、安东军区的部队编成东北野战军第五纵队。

"给你一个极其严肃的政治任务"

辽沈战役胜利以后，我任第五纵队副司令员，随东北野战军迅速入关参加平津战役。在党中央、中央军委的英明领导下，平津战役大获全胜，中国处于解放的前夜。全军统一编制后，五纵队改编为第四野战军十四兵团四十二军，我任军长，军部驻河北涿县。

1949年3月的一天深夜，我接到野战军司令部参谋长刘亚楼同志的电话，要我第二天上午8点到北京饭店304房间去接受任务。翌日我按时到达，一位姓张的参谋接我上了楼。罗荣桓同志和刘亚楼同志都在房间里。我向他们敬礼、报到。他们问我："吃过饭没有？"我回答："早上5点钟吃过饭，乘车赶来的。"刘参谋长叫警卫员给我端来一杯咖啡，罗政委递给我一支烟，自己也点燃了一支。他说：平津前线前委昨晚讨论了，给你一个极其严肃的政治任务，比辽沈战役、平津战役还要重要的任务。党中央、毛主席、朱总司令、恩来、少奇同志等，要从平山移来北平。你们军不是提出"打下北平城，迎接党中央、毛主席、朱总司令到北平"吗？这个口号要实现了。迎接党中央这样一个严肃的政治任务，就交给你们了。你们要有高度的责任感和高度的负责精神，也就是说要以向全党、全军和全国人民负责的精神，来完成这个任务。不能有任何的差错，否则就无法向全党、全军和全国人民交代。

罗荣桓同志又说，党中央、毛主席、朱总司令、恩来、少奇、弼时等同志，还有董老、林老、徐老、吴老、谢老等同志，中央机关、军委机关的同志们，要在你们军部住一夜。从高碑店到长辛店这一段，由你们军负责，要做到万无一失。沿途所有的山头、山沟都要控制。一切大小路口，届时要加强警戒。连、营、团干部站岗，师的干部分别在要点上掌握。军部晚上由参谋、干事站岗，部处长带岗巡逻。总之，要做到绝对保密，绝对保密！绝对安全，绝对安全！

刘亚楼参谋长说，罗政委都讲了，我就讲两句，这是个极其严肃的政治任务。对你们军来说，又是一个极其庄严而光荣的任务，将来要载入史册。党中央、毛主席、朱总司令、恩来、少奇、弼时等这么多的中央领导同志，在一个军部住一夜，是史无前例的，你们要高度负责。中央办公厅的杨尚昆主任还要提前去检查安排的情况。执行这个任务，不准打电话，联络可用车辆和骑兵。时间紧迫，你回去布置好后，再来报告。

从北平返回以后，我们全军6万多指战员，人人兴高采烈，像迎接一个盛大的节日似的。同时又感到重担在肩，责任重大。准备工作昼夜不停地紧张进行着。指战员们怀着对党中央深厚的感情，从衣、食、住、行各方面为中央的通过提供方便。3月的华北，春寒料峭，冰河还未解冻，战士们在冰上都铺了沙子。公路上尘土飞扬，战士们把厚厚的浮土刮掉，喷上水。两天两夜，一切准备工作就绪。

第三天，中央机关六七十辆汽车浩浩荡荡地来到涿县，我们为中央机

关组织"便宴"。那时生活比较艰苦，我们从北平买了些新鲜的豌豆尖，鸡蛋下挂面，结果大受欢迎。朱总司令高兴地说："多少年没吃过这东西了。"毛主席也说："20年没吃了。"中央首长们边吃边谈，十分高兴。

第二天，刘亚楼同志从北平专程来接中央首长和中央机关的同志，从涿县登上火车到北平，从火车站改乘汽车，在西郊机场检阅了部队。四野首长交给我们的任务也胜利完成了。

"南海的战略地位很重要"

1960年元旦的前一天，我奉中央军委的命令到南海舰队工作。元旦，广州军区组织广州陆、海、空领导同志去看望在穗的中央、中央军委和各大军区的领导同志。其间我碰见了罗荣桓同志，他告诉我他住在留园1号。

3日，我去看望老首长。由于我刚刚调到海南岛工作，谈话就从我的工作问题谈起。罗荣桓同志说："萧华同志向我报告说，贺老总、聂老总主持军委会议，决定你去东海舰队工作，贺、聂也和我谈过。后来，萧劲光、苏振华同志从海军的实际情况出发，又请示贺、聂和我，想让你来南海舰队工作。我又请示朱总司令，他们都同意你到南海舰队来，我亦同意他们的意见。"他接着说："南海舰队的组建，也有10年的历史了。舰队在护航、护渔、保卫领海中，起了很大的作用，各项工作也有基础嘛，老干部也很多嘛！"

他停了一下，继续说："南海舰队所处战略地位很重要，帝国主义打进中国，是从鸦片战争开始的，也就是从南海打进来，使我丧权辱国，割地赔款，成为半殖民地。美帝国主义在朝鲜吃了败仗，今后，也许会改变方向，从南面或东南面，再来与我们较量。所以说南海的战略地位很重要。说近一点，1954年，蒋介石不是在东山岛搞了一个偷袭吗？虽然被我们及时打退了，但他'反攻大陆'的美梦还在做。再说，从朝鲜撤出的美联邦师3个旅，还在东南亚，美帝国主义在南越又在扶植吴廷艳，这些都是帝国主义要与我再战的准备。军委从战略观点、历史观点和长远的观点出发，决定要加强南海舰队的工作。

"力量嘛，是可以改变的，装备嘛，也可以自己制造，人员可以调整加强。至于工作，你可以发挥舰队党委集体领导的作用，把部队整顿好，进一步打好基础。一旦时机成熟，就可以大发展。到那时，军委也会帮助你们解决困难的。"

罗荣桓同志对我的工作进一步指示说："你在海南岛工作时间不长，但熟悉海岛，对陆、空军部队也较熟悉。今后是陆、海、空军联合作战，与过去大不相同了，要把各方面的情况搞熟悉，特别是要把部队情况吃透，那样才能对症下药，有的放矢。"

罗荣桓同志的这些指示使我很受教育，我激动地向首长表示："军委、海军党委对我这样信任，我一定努力做好工作，以现有的装备来打好仗，搞好南海舰队部队的建设。"

我最后一次见到罗荣桓同志是在 1962 年春节。还是在除夕之夜，我接到通知，罗荣桓同志和罗瑞卿同志要到南海舰队驻地来看看。第二天早上 8 点钟，我与舰队政委方正平及其他领导同志去营门口迎接。两位首长下车后，笑容可掬地和我们一一握手，祝贺节日，并说："听几位老帅说，你们这里的鱼养得好，猪也喂得好，我们趁节日也来看看。"我请首长乘车去，罗荣桓同志说："走走，散散步。"我陪着二位首长看了部队养的猪和鱼。他们连连称赞说："确实养得好。"

回到休息室，罗荣桓同志向我询问了一些部队的情况。他问："你们现在学习什么？"我回答说："根据总政通知，正在通读毛选三卷。"罗荣桓同志说："通读是必要的，可以全面系统地领会毛泽东思想。但对你们来说，就不够了。还要精读《矛盾论》、《实践论》、《中国革命战争的战略问题》、《论持久战》等文章。党中央、毛主席要求高级干部学习几本马列主义经典著作，中宣部有通知。"我说，我们每周坚持两个半天集体学习。他说："这很好，要坚持下去，可以请宣传部门和过去学过的同志来做辅导。"他强调说："高级干部，不学点历史唯物论与辩证法，没有哲学思想，就不能以历史的观点来观察事物的发展，就不能结合当前的实践去解决前进中的问题。"

罗荣桓同志还说："看了一些报告，你们这几年抓部队抓得不错嘛，事故少了些。陶铸同志（当时任广东省委书记）说，群众对部队给予他们的帮助，如抢救遇险渔民，支援地方工作，反映都很好。这就是井冈山时期战斗队、工作队、生产队的作风在海上也运用起来了。这个传统，陆海空三军都要发扬，一定要一代一代地传下去。"

他接着说："我过去讲过，南海舰队有台湾问题，有港澳问题，有南越问题。斗争复杂，任务繁重。这几年你们打了几批蒋介石派来骚扰的船只，还要打更多的仗，来锻炼部队。你们南海舰队，未来发展情况是任务越来越繁重。要教育干部和部队，要有思想准备，待复杂繁重的任务到来时，能够得心应手地去完成。"

从这以后，我再也没有见到罗荣桓同志。1963 年传来罗荣桓同志不幸逝世的噩耗，使我悲痛万分。他对我的谆谆教诲和热切希望，是我永远也难以忘怀的。

（吴瑞林）

卓越的军事才能　非凡的领导艺术

1938 年 12 月，八路军总部令——五师政治部主任罗荣桓、代师长陈光率师机关和六八六团由晋西入鲁。从一一五师入鲁到 1943 年成立新的山东军区，我一直在罗荣桓同志身边工作，耳濡目染，受益很深，尤其对他精湛的军事指挥艺术和高尚的思想品德永生难忘，至今记忆犹新。

在水泊梁山上

1939 年 7 月下旬，我一一五师机关和特务营另一个连，驻在梁山宋江寨以北前集。8 月 2 日上午，罗荣桓同志和师首长们，正在一个大院堂屋研究开辟梁山根据地问题。突然，两个侦察员气喘吁吁地闯进来向罗荣桓、陈光同志报告：日军三十二师团炮兵一部分，1 个步兵大队，还有少量伪军，共 400 余人，带着两门野炮、1 门九二步兵炮、10 多挺轻重机枪，在大队长长田敏江率领下，今天一清早由靳口向西进犯，估计下午可到达梁山。

"吃掉它！"在场的领导同志都气愤至极地说。罗荣桓同志何曾不想吃掉这股敌人，但对这类重大问题，不到成竹在胸的时候，他是不轻易拍板的。他把司令部的科长召集一起，讨论怎么办。会上多数同志主张歼灭该敌，但同时感到我与敌人兵力相当，但装备悬殊甚大，歼敌有困难。有个同志引用孙子"十则围之，五则攻之"的语做论据，提出没有五倍、十倍于敌人的兵力，要歼灭装备精良的长田敏江大队有困难。罗荣桓同志一边听着大家的发言，一边对敌我情况和地形条件进行综合分析。当到会同志不再发表新的意见时，罗荣桓同志的战斗方案已初步形成了。他说："要歼灭这股敌人确实不那么容易。但我们要看到，敌人是出头之鸟，没有后续部队，附近也没有支援它的力量；现在又正值青纱帐起，便于我军隐蔽行动；加上敌飞扬跋扈，不知道梁山有我主力部队；只要我们占据有利地形，打它个措手不及，完全有可能消灭这股敌人。至于我之兵力，我看用不着五倍，更用不着十倍于敌，只要增加一倍，把驻在梁山南面20余里的杨勇的独立旅一团三营调来参战就可以了。"一席话说得大家信心倍增，会议气氛很快热烈起来。在此基础上，大家又提出了一些补充意见，形成了一个完整的作战方案。参谋们根据罗荣桓同志的指示，马上通知特务营做好战斗准备，并叫营、连各来一名主管干部，与师首长一起看地形，催独立旅一团团长、政委率三营迅速赶来梁山参战。

罗荣桓同志带着各级指挥员，察看阵地后笑着对旁边的一位参谋说："咱们现在都成了'梁山好汉'啦！不过，今天我们要劫的不是贪官污吏的'生辰纲'，而是日本鬼子的机枪大炮。"

吃过午饭，骄横的敌人大摇大摆地进入我伏击圈，当即被我歼灭一部。剩下的退守梁山西南麓独山庄和独山高地。这时，有的首长主张趁敌立足未稳，一鼓作气攻下独山庄。"莫慌！"罗荣桓同志说，"敌人占领了庄子和独山高地，可以形成掎角，构成火力交叉，我们现在去进攻，正入敌大网之中，伤亡太大，等天黑了，独立旅一团三营赶到再打。"不一会儿，值班参谋报告，一团团长周海滨、政委戴润生率三营赶到。罗荣桓同志叫参谋通知他们，安排部队吃饱饭，好好休息，办妥当了，来师部接受任务。

吃过晚饭，罗荣桓、陈光同志把司令部的科长和团、营、连指挥员召集一起，先由作战科长传达了作战方案，而后罗荣桓同志说："师决定今晚下半夜消灭敌人。因为敌人白天吃了败仗，上半夜一定戒备森严。到了下半夜，他们疲劳了，睡大觉，给他来个迅雷不及掩耳，一口气把它吃掉。"

战斗部署完毕，各分队分头进入阵地。不出罗荣桓同志所料，上半夜敌人胆战心惊，风声鹤唳，到处增哨加岗。到了下半夜，当官儿的不查哨了，巡逻兵不游动了，哨兵坐在哨位上打瞌睡。罗荣桓、陈光同志一声令下，部队从四面八方向敌发起了攻击。梦中的敌人，有的还没醒来，就被手榴弹炸得血肉横飞。醒过来的，没等提枪，就被刺了个透心凉。一个小时多一点，庄里200多个敌人，全被歼灭。这时，独山高地的敌人被歼一部分，其余龟缩在一个骡马店大院里。敌在骡马店四周院墙挖了许多枪眼，以密集火力阻我攻击。我军数次攻击未果，战斗一度沉寂下来。在这关键时刻，罗荣桓同志把一团政委戴润生同志叫到了指挥所，当戴润生汇报说，战斗进展迟缓的主要原因是部队顾虑天快亮了，敌援兵赶到，我将处于不利境地时，罗政委循循善诱地开导他："这股敌人是孤军深入，郓城、汶上的敌人要来援助，最早要到明天中午才能赶到。师已派出骑兵侦察敌情，你们尽管放心打。要鼓起勇气，争取10点钟以内全歼残敌！"接着，罗荣桓同志语调深沉地说："兵书上讲，狭路相逢勇者胜！"戴润生返回阵地后，立即传达了罗荣桓同志的指示，重新调整了战斗部署，向敌人发起最后的总攻。这时，罗荣桓同志又亲自来到前沿指挥所，鼓励部队勇猛冲杀。他说："不要怕损坏群众的房子而不敢大胆打。房子打塌了，战后再赔偿。"根据他的命令，部队放开打了。占据骡马店后面小山头的分队，居高临下，倾其全部火力向大院扫射。濒于灭亡的敌人，在劈头盖脸的火力压制下，支撑不住，打开大门向外逃窜。等候在门外的我骑兵连，见到敌人跑出来，个个喷发出仇恨的怒火，跃马挥刀，追着落荒逃跑的敌人，像切西瓜一样，把他们的脑袋砍落在地。此次战斗，我共毙日伪军300余人，俘24人，缴获敌全部野炮和轻重机枪。

不曾有声胜有声

1941年11月初，日军调集3个师团、4个混成旅团的主力，华北方面军一部，以及伪军等共5万余人，在日军十二军团司令官土桥一次的指挥下，对我山东抗日根据地的中心沂蒙区进行"铁壁合围"大"扫荡"，妄图彻底摧毁山东的抗日战略中枢，消灭驻在这里的山东党政军领导机关。这时，罗荣桓同志率一一五师师部驻青驼寺东北留田村，加上一起行动的山东分局和山东战时委员会，三大机关近5000人，而战斗部队只有师特务营。11月5日晨，临沂、费县、平邑、蒙阴、沂水、莒县等地两万余敌，分11路，向留田合围过来。下午，担任山东军政委员会书记的罗荣桓同志主持召开分局、一一五师领导和师机关部门负责同志等参加的军事会议，研究如何粉碎敌合围，保证胜利转移。这时，敌已将留田重重包围，最近的一路距留田只有六七华里。会上，有的同志主张向东突围，返回滨海根据地；有的主张分散突围，以保存实力……正当大家议论纷纷争论不下的时候，罗荣桓同志说："我们应该向南突围！"这使大家很感意外，因为敌人的大本营就设在留田南面的临沂城。"为什么向南突围？"罗荣桓同志说，"表面上看，东面敌人的兵力比较薄弱，封锁线还没有形成，但这是敌人设的圈套。敌估计到他们'扫荡'沂蒙山区，我会向滨海区转移，因此，他们故意留个空子，叫我们去钻。西面是临（沂）蒙（阴）公路，过去虽大部为我控制，现在已成为敌人戒备森严的封锁线了。北面日军和国民党顽军密布，我山东纵队刚刚与顽军交过锋，我们北上，很易遭日顽夹击。而南面，虽为敌大本营，但敌人大部已参加合围我沂蒙区，成了空虚的后方。同时由于敌恃才傲物，根本不会料到我向其大本营突围。"这实事求是的分析和独到的见解，很快得到与会同志的赞成。于是，机关部队分头做突围准备。

夜幕垂下，敌人在留田周围山头，燃起了一堆堆篝火，做着天亮以后消灭山东党政军领导机关的美梦。此时，我几千名干部战士，正趁着苍茫夜色，向河滩上集结，等候出发命令。在严肃的气氛中，罗荣桓同志带着参谋人员出现在队伍面前。他不时地向站在队列中的同志打着招呼，指战员紧张的心情很快平静下来，胜利突围的信心倍增。"出发！"一声令下，大家跟在罗荣桓同志后面，穿孔插隙，越过敌人两道封锁线，没费一枪一弹，没伤一兵一卒，我党政军机关于6日安全转移到蒙山南面的黄埠前一带。

翻边歼敌

日伪军在留田合围我领导机关扑空后，恼羞成怒，随即以大部兵力在沂蒙山中心区设立据点，对我实行严密的封锁和残酷的"清剿"。敌每"清剿"一地，即施行挨户逐处搜查，发现我军，各据点之敌即互相策应，向

我合击或反复跟踪追击。对我基本区则实行大规模的"三光"政策。敌共杀害我群众 3500 余人，抢走粮食 160 余万斤，烧毁房屋四分之一，捉走壮丁近万人，奸污妇女难以数计。很多村庄被洗劫一空。

为讨还血债，振奋群众斗志，罗荣桓等领导决定，将我突围出来的党政军机关一部分同志转移到滨海地区，调部分部队在外线打击敌人，他和朱瑞、陈光、萧华、陈士榘等率留下的机关干部和部分主力部队返回沂蒙山区，打击日伪军的烧杀、破坏和伪化活动，镇压奸细叛徒。临出发前，罗荣桓同志叫集合队伍唱歌。负责带队的同志纳闷：前天晚上由留田突围前，规定行军不准说话，不准咳嗽，不准发出任何声响；昨天在这一带住宿，规定严密封锁消息，行人只准进，不准出；怎么今天叫唱歌呢?!"对! 唱歌，叫大家放开嗓子唱歌!"罗荣桓同志看出带队的同志有些疑惑，就加重语气说。全体同志唱了几支歌后，罗荣桓同志走到队伍前面高声讲道："刚才叫大家唱歌是唱给鬼子听的! 日本鬼子不是要找我主力决战吗，我们用歌声告诉他，八路军几千名英雄儿女，就在你鼻子底下，你来吧! 今天我们不但要唱歌，还要白天行军。你日本鬼子想决一雌雄，就把队伍从沂蒙区调出来!"到了晚上，罗荣桓、陈光同志又决定，要师特务营副营长黄国忠带部队伏击敌人。罗荣桓同志对黄国忠说："敌人在留田扑空后，正在摸我们的去向。我们就将计就计，暴露一下自己，以便把敌人从我们的中心根据地引出来。"接着又具体交代："敌人在蒙山北麓的垛庄一带抢劫了很多牲口、物资，要运到费县，必经石兰，你带上两个连在石兰打他们的埋伏，要打得狠，声势大，动作快，打了就撤。"我们遵照罗荣桓同志指示，打得敌人东奔西跑，但怎么也逃不出子弹和手榴弹的袭击。一阵冲锋号响，我等了一天的战士，如猛虎下山，端着刺刀，喊着杀声，扑向敌群。不到半个小时，300 多敌人就全被消灭了。

第二天，沂蒙山中心区的日伪军果然纷纷外调。罗荣桓等领导旋即率部队挺进山区，一面从机关中抽调大批干部组成工作组，分赴各地领导群众开展游击战；一面指挥部队打击敌人。

12 月 1 日，我们驻在东蒙山大沟一带。凌晨 3 点钟，东北方向响起枪声，并阵阵逼近。罗荣桓同志令值班参谋通知部队紧急集合，准备战斗。但他却一动也不动地坐在灯下看地图。我们秘书、参谋们都熟悉他的脾气，没有弄清情况以前他绝不草率决定行动，所以谁也不惊动他。当值班参谋跑来报告是我们的游动哨和从诸满出动的日军遭遇时，他才从容地站起来命令值班参谋通知各部队行动的路线和集合点，叫勤务员收拾地图，然后向房东道了谢，走出院子。正要率部队向邱阳出发，又听见东面响起了激烈的枪炮声。罗荣桓同志想到，东面五彩山地形险要，如守不住，机关部队会受到威胁。于是，他即刻令机关火速向西北方向转移，自己带着警卫员骑马直奔五彩山。守在五彩山阵地的战士是特务营三连 1 个班 8 个人，带着一挺轻机枪。战士们见罗政委来了，顿时精神抖擞。此刻，东北、正东、东南和西北方向都枪炮轰鸣。罗荣桓同志用望远镜向四周观察，发现东南 700 多米处的东大顶有 100 多个敌人。他对战士说："同志们！鬼子人多，咱们地形好。大家沉住气，利用地形隐蔽好，等鬼子走近了再打。"经过一阵炮火准备，30 多个日本兵，下了东大顶，向五彩山扑来。当日本兵离我阵地两百多米时，罗荣桓同志高喊："瞄准目标射击！"一阵雨点般的子弹，打倒十几个日本兵，剩下的跑到一座小山后面躲起来。等了一个多小时，五六十个日军，又在密集的炮火掩护下，分两路冲过来。"准备好刺刀手榴弹！"罗荣桓同志大声喊道，"注意节省子弹，没有命令不准开枪！"当敌人爬到半山腰，罗荣桓同志一声令下，两批手榴弹在敌群里爆炸，敌兵倒下一片，活着的没命地往回逃。躲在一块石头后面督战的敌军官，拔出手枪，打倒了跑在前面的一个士兵，其他的转身又向我冲来。"干掉那军官！"罗荣桓同志对身旁的警卫员说。警卫员举起驳壳枪，瞄准日本军官的脑袋"啪啪啪"就是三枪，那军官一头栽倒在地上。敌兵像脱了缰绳的野马，飞快往回跑。我战士一齐开火，又倒了一片，活着跑回去的不到 10 个人。打垮敌人两次进攻后，三连一排长带 1 个班增援来了。罗荣桓同志牵挂着别处的战斗，就吩咐一排长，坚持到天黑撤退。他带着警卫员，离开了五彩山。

反"扫荡"结束，罗荣桓同志要到滨海区师部驻地。在我们东去路过十字路（今莒南县城）时，正逢敌人"扫荡"滨海区，到处都是敌人。这时，担任前卫的山纵第二旅一个营，与我们失去联系，他身边只有我、警卫员及骑兵连的一部分，大约有 30 多人。因为敌情不明，又是深夜，我们便宿营在白家岭村对面一个小村里。第二天拂晓，哨兵突然发现白家岭的敌人猛扑过来，先头少数敌人已经接近我们住的村边。怎么办？面对这十分危急的情况，我们都一时没了主张。但罗荣桓同志镇定自若，非常冷静。我问"向哪里走？""向西去！"他不假思索而又果断地说。于是我们穿着缴

获日军的雨衣，骑着马，插入沂、沭河中间的敌占区，向南奔驰。经过沿河日军的据点时，少数留守的敌人还以为是自己人，摇着太阳旗和我们打招呼。就这样，我们顺利摆脱了敌人，在敌占区跑了一天，行程百多里，黄昏后抵达滨海根据地。

（李燧英）

"你们这支部队不算新部队，应该说是老部队"

在 1933 年召开全军政工会议时，我见到过罗帅，但没有说话。到成立八军团时，我和他在一起。当时八军团部兼我们二十一师师部。原来我在六十二团当政委，当时在西线配属江西军区。陈老总负伤后，我们团才赶到兴国纪村（当时属于宁都）归建。我们团在纪村住了有个把星期，发军衣、装备，补充新兵，准备行动。这时，罗帅到我们团调查研究，进行动员。那时长征是保密的。罗帅动员主要是讲要打出去，到外线歼灭敌人，并没有讲要离开中央苏区。不过，这时上级已经发下了湖南地图，我们就猜测要到湖南去，我曾就这件事问过罗帅。我问他："为什么要发湖南地图？"罗帅说，"这是上级的事，你不要管。不管到哪里，反正是要粉碎五次'围剿'。要继承过去的传统，大踏步前进、大踏步后退。要准备磨脚板底。"

他到团里来了解情况非常具体，衣服怎样发的、新兵怎样补充的、战士们打完仗后睡得好不好？他都要一一过问。在团的排以上干部大会上他作粉碎敌人"围剿"的动员，讲我军要主动出击，实行运动战，大量歼灭敌人。他讲了如何爱护战士的身体，要做到能吃、能睡、能走。他说："只要能吃能睡能走，就一定能打。我们的战士都是经过了土地革命斗争的，觉悟很高。一号召一鼓动，歼灭敌人不成问题。"

这是我第一次听他作报告，感到他讲得很实际、很切合部队需要。

从纪村出发，过于都河、信丰江，走得很快。当时我已调到军团部任直属队书记。经常和罗帅、甘渭汉，还有几个提饭盒子的特务员住在一间房子里。我们都把避风的地方留给他。他回来一看便说："又把这块地方给我了。"我们就回答："你总比我们大一些吧。"

那时，每天他都要向我问行军情况，他最关心的是电台。那时电台不像现在这样轻巧，马达要4个人抬，笨重得很。他一看到我便问："到齐了没有？电台到了没有？"然后再问卫生部、供给部、特务营，问完后不马上发表意见，而是鼓励几句，然后说"快吃饭去，我给你留好饭了"。行军时如有战斗任务或是有急行军，他总是让我当收容队。我一到宿营地，他总是给我留了热饭。他知道我喜欢吃猪杂碎，如果有就给我留上一大盆。我回来晚了向他汇报，他总是摆摆手，"不要讲，先洗脚吃饭。"

他每天还要问我，参谋处行军是怎样组织的，今天行军走多少里，要翻多少山，走哪一段路有些什么困难，应该怎样克服，等等。当时，军团长周昆、政委黄甦同他很少在一起，行军、作战等也很少同他商量。有时他连行军路线都不知道，让我到参谋处去问。

过湘江时最恼火了。他有一匹牲口，但从来不骑，都是走，还自己背米袋子。过湘江有用门板搭的简单的浮桥。从界首过浮桥。部队为了行动更快，一路上扔东西。他和我的米袋子都丢掉了。他站在桥头，等我到了才走。那次，部队建制都打散了，掉队的最多了，谁能过去就过去。过江后直到靖县，队伍才收拢。二十二师就是这次丢掉的。当时，二十二师归五军团指挥，打后卫。

过湘江前后，部队十分疲劳。因为组织不好，有时一晚上才走十几里地。战士们困得都不想走了。周昆就朝天上打机关枪。在路边打瞌睡的战士以为是敌人来了，立即爬起来，跑得飞快。周昆还得意地将这个办法当经验介绍。罗帅不赞成。他说，战士们跑得快，是因为怕当俘虏。这种做法只能一时有效。用多了，战士们知道你骗他，就不灵了。

罗帅做思想政治工作非常细致、实际，从不夸夸其谈。从道县到全县，一路上他常说："现在做政治工作不是上大课、讲大道理，而是要靠支部的堡垒作用，靠干部以身作则，靠宣传鼓动。战士们都是经过土地革命斗争的，有觉悟。情绪提高了，行军打仗都没有问题。现在客观条件就是如此，有些困难可以克服，有些克服不了。要号召大家用忍受的办法克服。对这种困难。你不承认，人家不服气。要承认，要忍受。首先是干部和党员忍

受，把群众带动起来。"他还说："现在那么艰苦，不是靠别个，就是靠自己带头。不能叫人家吃苦，自己倒坐在马背上。"他不骑马，衣、食、住都非常朴素。有时我打前站，他也开玩笑地嘱咐我："搞副猪肝来。"弄来了也是大家吃。

罗帅非常平易近人，对干部、战士非常亲近，没有人怕他。他很少发脾气，有时你工作搞得太不像话了，他也生气，或是噘着嘴半天不讲话或是重重地批评你几句，过后再同你耐心讲，你这样办为什么不对，结果有什么不好；应该怎样办。他批评得既严肃又实际，还指出今后应怎么办，使你心服口服。干部做了好事，他也表扬。

当时，八军团有一个迫击炮连，时常掉队。罗帅让我到炮连走一走，看看有什么问题。我去一看，那真叫苦。炮筒、炮盘都是人扛，走那样陡峭的山路。我也扛了一天炮筒子。回来后我对他说："我的肩膀都磨破了。"罗帅关切地说："让我看看。"我对他说："炮要扛，路又不好走，扛炮的还要背行李。"罗帅点点头，问了一句："你看有什么办法没有？"我摇摇头。

第二天，他把我叫了去说："你还到迫击炮连去，让背炮的同志专门背炮。他们的行李分散开让大家背。要给大家算算账，炮筒子多重、炮盘多重、炮弹多重，说明为什么扛炮同志的行李要大家背……"

我到炮连传达了他的指示，行李一分散，大家都很高兴。我回来向他汇报，他说："长期下去恐怕还是有问题。"整编以后，连土造炮弹也打光了，炮最后还是丢了。

过大苗山时，罗帅对我们说："这是少数民族地区。大家千万要遵守政策，不要拿老百姓的东西。少数民族跑了，不要开枪、不准追，也不要喊。你喊他也听不懂，跑得反而更快。告诉同志们，千万不能掉队，后面是国民党，山上都是少数民族，掉了队就没有出路了。两三天后过了这个地区就好了。"

部队到黎平，张云逸同志（可能是军委作战局长）来动员整编。部队编到五军团，干部有的到一军团、有的到三军团。罗帅叫我跟他走，去学习。他亲自把我送到上干队，以后就同他分手了。

我和他再见面是在皖东黄花荡。当时我是新四军十八旅旅长，专门到军部去看望他。他一见面就问我部队情况，驻地情况。他还问我，王雨田如何。王曾任三支队医务主任，而我在三支队当过组织科长。我对他说：

"技术不错，服务态度也很好。"他很满意，以后将王带到山东。

我到延安参加七大以后跟陈老总、刘培善等回新四军，走到麻田，邓小平同志派人告诉我们，中央来电，要我们到东北去，只留一个干部将文件送到新四军。于是，刘培善带文件到新四军，我就到了东北。

以后我每到哈尔滨都要上罗帅那儿去。头一次去，他就叫我的名字，留我吃饭。他问我："新一军、新七军的战斗力究竟如何？大家都说它火力强，不好打，伤亡大。你们不是打过新一军吗？"我说："上次是人家主攻，我们只不过捡了个洋捞。"罗帅说："洋捞也是要人捡的。"我说："根据我们接触的情况看，新一军不是不可以打。"罗帅说："对嘛。总说新一军了不得，我就不信。"

我又向他汇报了部队情况。他听了说："你们这支部队不算新部队，应该说是老部队。"我说："可是番号才下来几个月。"他说："那只是现象，要看本质。营以上干部都是红军。红军长征后就留下那么一点，这都是骨干。"他嘱咐我抓紧战斗作风、生活作风的培养。

（温玉成）

"以后给你们调派一个
有名的红军将领"

我和罗荣桓同志接触最多、最密切的一段时间，是在抗日战争时期的山东。他给了我个人很多的教益。

一

1937年七七事变后，日军大举进攻我国，不到一个月，平津失守。日军即沿津浦线南下山东，1938年1月初占领济南，10日占领青岛，月底占领泰安。6月徐州失陷。而山东军阀、国民党第三集团军总司令韩复榘与国民党第三舰队司令兼青岛市市长沈鸿烈闻风而逃，致使山东大好河山沦于

日军之手。日军到处奸淫烧杀，山东人民处于水深火热之中。

　　山东人民在全国抗日高潮的推动之下，在党中央、毛主席的领导下，在中共山东省委的直接组织和发动下，先后在泰安徂徕山、冀鲁边、胶东天福山、长山临淄之间的黑铁山、鲁东、泰（安）西、沂水、鲁东南（滨海区）、鲁南枣庄矿区、鲁西南苏豫皖边地区，相继发动了抗日武装起义。这样，在日本帝国主义占领济南、青岛前后，山东主要抗日游击战略要地都有了共产党领导的一支或数支革命武装，轰轰烈烈的抗日武装斗争在山东蓬勃开展起来。但另一方面，军阀沈鸿烈到处收编地主武装和杂牌军；国民党石友三部也被蒋介石派到山东；一些地主武装则投降日军当伪军，到处鱼肉百姓。在敌人的残酷压迫下，老百姓踊跃参加八路军，到处打击日军、伪军和国民党顽固派，使敌人不得安宁。1938年4月间，我到延安向党中央和毛主席汇报山东省委发动人民举行抗日武装起义的情况和问题。当我说到目前抗日武装缺少军政干部时，毛主席很快答应给山东再派一批军政干部，并且很幽默地说："以后给你们调派一个有名的红军将领，再派一支主力部队去，他们就再也不敢叫你们'土八路'了。"毛主席还要我去武汉向周恩来同志汇报山东的情况。在武汉，敬爱的周副主席听了我的汇报很高兴，赞扬山东武装起义的形势很好，并从长江局选派了一些干部到山东工作。

　　1939年3、4月间，罗荣桓同志率一一五师东进山东，到达鲁西郓城、东平一带和鲁西南地区。大约到年底进入鲁南山区费县一带。罗荣桓同志领导山东军民，为建立、巩固和发展山东抗日根据地，赢得抗战胜利，进行了艰苦卓绝的斗争。

二

　　一一五师一进入山东即为日军所注目。因为1937年9月间在山西平型关地区，该部曾给予敌著名之坂垣师团以歼灭性打击。而且一一五师一进山东，即在鲁西、泰西区给敌伪以沉重打击，致使敌人恼羞成怒，跟踪追击，企图伺机报复。

　　在泰西肥城地区陆房战斗中，敌纠集5000余人分9路合击，企图消灭我主力及党政机关，当时罗荣桓同志正在鲁西对粉碎敌之企图做了周密部署，迅速粉碎了敌人这次"扫荡"。接着又在东平湖畔之梁山地区、鲁西泰西区进行了多次战斗。10月间，根据"集总"（即十八集团军——八路军总部的简称）指示向鲁南进军，插入抱犊崮山区，创立以抱犊崮山区为中心的鲁南抗日根据地。此地向南控制郯（城）码（头）平原，可打通与我华中区的联系。向西与湖西区、向北与鲁中沂蒙区、向东与滨海区联系。这时除我苏鲁支队的以大炉为中心的根据地外，鲁南大部分地区为地主武装及惯匪刘桂堂的势力范围，随后又有东北军一个师占据，形成鲁南复杂混乱的局面。罗荣桓同志亲自指挥创立这个根据地，曾与敌三次争夺白彦（为鲁南区东西南北交通枢纽），并开辟了郯、滕、曲（阜）、泗（水）边区。罗荣桓同志率领部队，在与日军、伪军、国民党顽军、地主武装、土匪作斗争的极其错综复杂的环境中，纵横驰骋、所向披靡，终于建立了巩固的鲁南抗日根据地。

罗荣桓同志很注意总结战斗经验。他常说："血的经验教训必须及时总结，才能认识敌我斗争规律，不断提高我军的战术水平。尤其是我军从正规作战转入山地游击战，如何保存自己打击敌人，这点是一定要掌握的，否则就会吃亏。"他除了对每一次重大战斗进行及时总结外，还每年召开一次全山东军事会议总结经验。平时则着重抓连队的战斗经验总结和政治工作。在反"扫荡"中，罗荣桓同志灵活地运用毛泽东同志的军事原则，根据山东的实际情况，提出了"敌进我进"的方针，即"翻边战术"。这就是当敌人向我大举进攻时，我除以小部队和一些地方游击队去对付敌人外，我大部队必须同时插到敌人后方去，相机攻击敌后方薄弱之敌，并破坏敌之交通要道，使敌人不能在根据地内持久作战，以粉碎敌人的"扫荡"。罗荣桓同志这个精辟的见解，在战场上得到了实践的证明，受到了部队干部的一致赞同。

三

1941年到1942年是抗日战争最困难的时期，党中央提出了"咬紧牙关，度过两年"的口号。

我山东抗日根据地与敌占区犬牙交错，加上国民党部队和地方顽军不但不抗日，反而与敌勾结，经常同我摩擦，我根据地沂蒙山区虽与鲁南山

区、鲁东南滨海地区基本上连成一片，胶东、渤海两地区亦可越过敌占交通线来往，但处境仍很困难。日军在 1941 年冬季对我沂蒙山区首次进行 5万人的"铁壁合围"，实行杀光、烧光、抢光的"三光"政策，妄图一举消灭我沂蒙根据地。但是，敌人的合围在我———五师和山东纵队的密切配合反击下被粉碎了。因此，在一些同志的头脑中产生了和平麻痹思想。分局一位领导同志用两个月的时间组织全省文工团在滨海区会演。为了纠正这种和平麻痹思想，更有力地反击敌人的"扫荡"，巩固和发展抗日根据地，罗荣桓同志付出了极大的努力。他广泛地找同志谈心，统一思想。一天，罗荣桓同志为交换意见，不顾个人安危，率一个骑兵排从鲁南赶来沂蒙山区找我，使我非常感动。我当时是分局委员。当我谈到对局势的一些看法，谈到迟迟不进行二五减租减息运动，是使民兵和基本群众先力进行反"扫荡"的根源，也是兵源不足的主要根源时，他很赞同。荣桓同志回到———五师以后，即将山东情况电报中央，请中央派人到山东解决这些原则问题。他的请示得到了党中央和毛主席的同意。山东党政军的一元化领导，推动了山东抗战的发展。这些成绩的取得，是和罗荣桓同志不畏艰险，不畏劳苦，坚持原则，敢于斗争分不开的。

罗荣桓同志在担任山东分局书记兼山东军区司令员后，做了许多有益的工作。他对毛泽东思想身体力行。记得在整风时，他在山东分局党刊上，曾经写过一篇学习毛泽东思想的文章，使同志们懂得了毛泽东思想的伟大意义，懂得了不调查研究、不从实际出发的危害。罗荣桓同志崇尚实事求是，反对浮夸作风；勇于负责，严于律己；发扬民主，平易近人，大家都高兴在他的领导下工作。

1943 年以后，山东抗日形势一片大好，国民党鲁苏战区主力部队退出山东。对于伪军部队，我们一是争取其反正起义，一是就地消灭，以使抗日根据地连成一片。当时不幸的是，罗荣桓同志从 1943 年起就患了尿血症，有时一尿一盆血，大家都很为他着急。虽然有外国泌尿科专家、国际友人罗生特大夫的治疗，病情仍很严重。但罗荣桓同志从来不提如何治疗的要求，还坐着担架上前线指挥战斗。到 1944 年山东扫除敌伪势力以及 1945 年日本投降时，他不顾重病缠身，更加紧张地工作，指挥军事反攻和领导制定收复地区的有关政策，罗荣桓同志真正做到了为党和人民的事业鞠躬尽瘁，舍己忘身。

日本投降后，罗荣桓同志即率山东主力部队渡海北上，投身于"建立一个巩固的东北根据地"的伟大斗争中。以后，我们虽然不在一起工作，但他那种对党对革命事业无比忠诚和平易近人、谦虚谨慎、不骄不躁的优良作风，却使我永志不忘。

（黎　玉）

"有的人读书，愈读眼睛愈亮"

一

1949 年 7 月的一天，卫生部长苏井观同志交给我一个任务，要我到天津去给罗荣桓同志看病，待他的病平稳之后，送他来北平。

当时罗荣桓同志住在天津的什么地方，现在我已经记不清了。可是我第一次和他见面的情景，却至今没有忘。他从沙发上欠身微笑着和我握手，第一句话是："谢谢你来看我，我的病没有什么。"我给他看过病之后，他问我是哪里人，当我说是天津人时，他立刻又问：

"父母都在吧？"

"母亲还在。"

"进城之后回家看过吧？"

"没有。"

"我看这样吧，"他转头看了看林月琴同志和他的秘书，然后对我说："你回家去住，每天抽空儿来看看我就行了。"

我当然没有按照他的意见办。可是他一直挂念着这事。直到他的病平稳下来之后，他知道我已经回家看过，才放了心。

已经准备好来北平的那天早晨，我陪他在院里散步的时候，他的兴致非常好，他带着向往的心情谈着过去前方的生活。他说："战争生活过惯

了，休息下来很难。"回到室内之后，他向我挥了挥手，"你回家，下午我们在火车上见。"

二

在那初次见面之前，早在抗日战争期间，我就知道罗荣桓同志是一位多谋善断、英勇刚毅的将领，在我们的部队里有崇高的威望。他在山东身患重病躺在担架上亲临火线指挥作战的事迹，我们在延安的同志们都听说过。可是他患的是肾癌，这是我以后才知道的。在我的想象中，他是一个身材高大、威风凛凛的人。等到和他见了面，我发觉他确是身材高大，但很平易近人，丝毫不使人感到威风凛凛。他很严肃，对人的亲切并不表现在谈笑风生上，而是表现在朴实无华上。他讲话不多，但每句话都很有分量。

当我在回忆他的时候，首先在我脑海里出现的是他用有点沉重的脚步，在院里散步的雄伟姿态。他沉思着，面上带着微微的笑容。我往往利用他散步的时间，问一问他的健康状况。他常常是简单地回答几句，接着就说："我看，没有什么。"

起早，是他多年来的习惯。他说："这是长时间的军队生活养成的习惯，天一亮，就不想睡了。现在，如果每天早晨不锻炼锻炼，全身就不舒服。"有一次，他提到他喜欢散步还有另外一个原因。他说："我并不是仅仅为了锻炼身体才散步的。散步的时候，精神最容易集中，散步最能够帮助我思考问题。"

他谈起话来，总是愈谈声调愈高，精神愈来愈振奋，语气也愈来愈激昂。如果是在散步中间，他往往会因为谈得特别兴奋而突然站住。有一次，在散步的时候，他谈起对待工作的正确态度应该是：如果发现缺点，就积极改正，汲取教训；要竭力防止缺点，可是不能因为怕有缺点而停滞不前，不敢去开展工作，更不能以防止发生缺点为借口，来掩盖自己的干劲不足。谈到这里，他忽然转过身来，面向着和他一起散步的同志们说："饭总是要吃的，工作总是要做的，正确的道路总是要坚持的，不能因噎废食！"他的话斩钉截铁，牢牢地印在人们的心间。

为了对身体有好处，医生们曾向他建议做些娱乐活动，但是娱乐活动很难引起他的兴趣。他自己也感觉到这一点对健康很不利，有时就说："我是一个不会休息的人。在娱乐方面，我没有什么爱好，这是一个缺点，青年人可不要学。"但是他也从另一个方面提过这个问题，他说："娱乐是必需的，可是'乐而忘返'就不好了。"

除非在疾病严重的时候，很难让他整天不看文件。有一次，他为疾病所苦，几乎坐卧不宁。服药之后，比较好些，但是仍然很烦躁。林月琴同志给他安排一些消遣的办法，让他听听音乐广播，看看画报，都不能帮助他解除一些苦恼。后来，他忽然听到外面有送文件来的声音，立刻有点喜形于色，打起精神说："对喽，拿文件来看看吧！"果然，文件到手之后，比任何消遣对他都更有效力。

三

1956 年 7 月的一天早晨，我从医院来到罗荣桓同志的家。走上楼，看到他的房门开着，他正在临窗写字。听到我的话音，他立即戴上近视眼镜，回转身和我打了一个招呼。

虽然，由于多年来他经常患病，我对他已经不是稀客，可是从他的眼神，我看出他已经明白我这天是别有来意。

这天，我是在医院里受林月琴同志的嘱托来看他的。他们的十几岁的女儿南下患下肢成骨肉瘤，曾经截肢治疗，后来转移到肺，这天黎明离开了人间。这些天荣桓同志在病了一场之后才恢复。为了免得他难过，林月琴同志特别希望我来陪伴他，她留在医院料理孩子的后事，并且自己也想稍微把悲痛抑制一下再回家。临来时，她对我说："如果他不问，你看是不是先不要把孩子的事告诉他。"

因而，当我见到他的时候，我没有提南下的事。我首先问他的身体情况怎样。他说："好多了。"随即站了起来，做了一下他习惯做的动作——把右胳膊先向上伸直，然后反复伸了几次，接着说："因为好多了，所以就闷得慌，想做点事，看看文件。可是周秘书还不把文件给我，只好写写字吧。"

他望着窗外，站了一会儿，然后看了看手表，说："到外面去散散步好吗？"

我像往常一样，陪他下了楼，在院子里一面走，一面谈。

那天他曾谈到读书。他说："有的人读书，读得眼睛睁不开，读得头晕眼花，所得不多。可是有的人读书，愈读眼睛愈亮。光读不想不行，光读不练也不行。"

他还谈到了医院的建设。

"听说你们想扩建医院，批下来没有？"

"还没有批下来。"

"老实说，盖房子的事你们不是内行。昨天贺诚同志来看我，我对他讲了，你们卫生部应该有几个工程专家，还应该有会抓基建的老管家。"

他还谈了一些别的。好像这天他特别愿意谈话。当我们回到屋里坐定之后，他说："今天你在我这里吃午饭。你是从医院里来吧。"

"是。"

"你来的意思我晓得。是不是南下这孩子不行了？"他若无其事似的，并没有望着我。

我不得不把南下已经病故的事告诉了他。他听了很镇定，只是又抬起右胳膊，做了做他那习惯的动作。沉吟了一会儿，他感叹地说：

"林月琴这些天可是熬坏了，饭吃不下，觉睡不安。母亲终归是母亲，为了孩子，她自己做得再多也还觉得不够。"

我没有再说什么，南下幼年时的身影在我的脑子里回旋着。这时突然进入我的脑海中的是荣桓同志曾经说过的一段话："……对男孩子特别要严，女孩子容易软弱，这是旧社会长久以来造成的结果。可以教育女孩子，要她们刚强……"

对子女，他确是一位好父亲。他爱他们，从来不以粗暴的态度对待他们。但是他经常严肃地教育他们，严格地要求他们。对于南下的死，无疑他是很悲痛的。但是我知道，他不希望同志们对他表示慰问。在这时，就愈益使人感到他那种坚强的精神力量。

吃午饭的时候，他谈起了抗日战争期间在山东战场上的一件事。

"在那样困难的环境里，小孩子牺牲是常有的事。有一次，正在部队紧张转移的时候，我们的一个干部接到了他的孩子死亡的消息。这个干部平常是很坚强的，是在炮火里经过长期考验的，可是一接到这个消息，他抱头大哭起来。战争多么紧张哪，可是他为了孩子的死抱头大哭！我怎么办？

我去安慰他吗？我不！我严肃地批评了他。第二天，他冷静下来，说我批评得对。这时候我才安慰了他。"

下午，林月琴同志回来了。

"都料理好了吗？"他问。

林月琴同志点了点头，随即问他的身体情况。

"我很好。"他说。

一直到将近黄昏，看到他的身体情况确实很平稳，我才向他告辞。他笑着和我握了握手，亲切地说："谢谢你，陪了我一天！"

四

在将近 20 年的时间里，他一面担负着繁重的革命领导工作，一面和自己的疾病作斗争。在疾病使他最痛苦不安的时候，他也总是竭力保持镇定，并且用乐观的口吻安慰着他的家人和其他同志，使他们放心。

他一直不愿意停下工作完全休息，不愿意安心过病人的生活。他曾经对医生们说："我这个病是长期的，应该有个长期对付的办法。难道完全不工作可以解决病的问题吗？中央对我已经照顾很多了，我不能一点工作也不做。"他还说："其实，我体会，多少做些工作。精神反而好些，身体也会好些。"但另一方面，他又非常谦虚，总是说："这些年，我没有做多少工作，工作都是其他同志做的。"

只要没有病倒，他就坚持读书。1960 年冬天，我出差回来之后去看他，他正在屋里聚精会神地读书。看到我，谈过几句话之后就问："学习《毛泽东选集》第四卷，你们机关组织得怎么样？"我告诉他，我们机关的干部轮流脱产学习，已经轮流了一遍，不过我因为出差在外，只是时断时续地读过。他笑着说："那你要补课喽。轮流脱产学习的办法很好，可是光这样还不行，要经常学。"那时他读的正是《毛泽东选集》第四卷。他似乎很疲劳，但很愉快。

"你有点累了。"我说。

"读毛主席的文章，累了也还想读。"

他常以写字作为病中的消遣。医生们都认为这对他养病很有好处。起初，他临摹古代碑帖，但是兴趣不大。后来他临摹沈钧儒写的毛主席诗词

字帖，就坚持下来了，一直坚持到他病重不能执笔的时候。

1963年国庆节那天，我到医院去看他。他觉得那几天还不错，有些症状有点好转。话题谈到了先进单位和战斗作风的问题。他兴奋地说："战斗作风非常重要，没有战斗作风就谈不上革命。在和平环境里，最容易养成松懈的毛病，一松懈就会散漫，就会视而不见、听而不闻。工作单位的领导同志特别要注意这一点，要培养战斗的作风。一个单位如果没有战斗作风，这个单位就要落后，一个人如果没有战斗作风，这个人就要落后。"

他讲这话的时候，一时嗓音很高，从眼睛里迸发出热情的光芒，简直不像一个患有严重疾病的病人。

长久以来，他患着肾功能障碍。最后，由于肾功能衰竭，结束了战斗的一生，就在日益濒危的时候，他也没有丧失他的钢铁一样的意志。他经常呕吐，用了很多医疗办法，都很难制止。但他往往以自己的战斗意志取胜。吃饭的时候，他竭力克制着不舒服的感觉，一面吃，一面和周围的同志们闲谈，来转移自己的注意力。如果还是克制不下去，他就在呕吐之后，继续进食。有时候，这样做的结果，居然能够勉强吃进一些东西。于是在他的脸上，现出了一阵胜利的微笑。他说："又打了一个胜仗。看起来，对于疾病，也得要抗，不抗是不行的。"

他在生命最后的几天里，呼吸非常困难，不能平卧，讲话非常吃力。但他仍在关心着国家和世界大事，在他逝世的前一天上午，他一面和疾病作最后的斗争，一面望着站在他床边的同志们，忽然问道："总理已经出发了吗？"那时，周总理正在出访非洲。同志们把周总理已经到达开罗的消息告诉了他。他微笑着点了点头。在那一刹那，他好像已经完全忘记了自己的病痛。

临终之前，他对他的子女们说："我当然愿意不死，为党继续工作，可是既然死已经来到，这也没有什么可怕。我什么也没有给你们留下，只希望你们坚信共产主义，奋斗到底！"

应该说，这不仅仅是他对他的子女的遗言，也是对广大中国青年的遗言。

（黄树则）

"能不能帮我们增加
一些知识分子"

　　1937年卢沟桥事变后，我在石家庄特委工作。为了开展敌后游击战，石家庄特委分两路进入敌后。我同平山地区的老地下党员栗再温同志，带一部分平津流亡学生进驻平山县洪子店，点燃了那里的抗日烽火。不久，八路军一一五师的周建屏、刘道生两同志带着一支队伍也来到了洪子店。当年11月初，在阜平成立了晋察冀军区和区党委，我们平山特委成为军区下属的第四分区、四地委，并且在冀西民训处（公开的政权组织）的基础上建立了地区专署。抗日游击战争很快在平山一带展开了。

　　一天上午，我从盂县返回洪子店。踏进我的住处，见军分区和地委的几位负责同志正在我的房间里开会。其中还有一位陌生人，他身着八路军军装，戴一副眼镜，身材魁梧，但却挺斯文，一望而知是个知识分子。我想可能是八路军的哪位负责同志。栗再温同志见到我，站起来笑着向那位陌生人介绍说："罗荣桓同志，这是平山特委书记李德仲同志，刚从盂县回来。"啊！罗荣桓！我心中不由一喜，我们虽然没见过面，可早已听说他是一一五师的政治部主任。罗荣桓同志也站起来，微笑着向我伸出右手。栗再温又对我说："罗荣桓同志是到我们这个地区检查工作来的，我们正在向罗主任汇报。"我紧紧握住罗荣桓同志的手，一时不知说什么好。

　　罗荣桓同志上下打量着我，忽然问："长征时你是哪个方面军的？"这一下把我问愣了，而屋里的人一听都大笑起来。罗荣桓同志很奇怪。"你们笑什么？"他指着我说，"你看，他这身穿着，不是红军是什么？"当时我上身穿一身灰军装，脚穿一双新草鞋，背上背着一个大斗笠。大家听了笑得更厉害了。栗再温同志忍住笑，对罗荣桓同志说："他不是红军，1934年他就在我们这个地区搞地下党的工作，他是个大学生。"说到这里，栗再温同志忍不住开玩笑说："是假洋鬼子！"我红着脸向罗荣桓同志解释道："草鞋和斗笠都是我的警卫员给我编的，军衣呢，是我觉得好玩，借来穿穿。

我的警卫员原来是红军。"罗荣桓同志也不禁笑了起来。他风趣地说："对不起，我犯了形式主义的错误！"

这个插曲过后，已到吃午饭的时候了。刘道生同志请罗荣桓同志在我们这里吃午饭，罗荣桓同志高兴地答应了。

这真是一顿愉快的午饭。我们用滹沱河出产的大鲤鱼招待罗荣桓同志。罗荣桓同志一边吃，一边和我们说笑。给我们讲了一个又一个红军在长征路上的故事。忽然他转了话题说："哎，我听说你们这里有个李团长，在动员全民抗战的大会上，要每家送两双'孩子'来，把群众都吓跑了，有没有这回事呀？"大家一听又乐了。我说："有这回事。李团长是江西人，管'鞋子'叫'孩子'。他要每家送两双鞋子，结果成了送两双'孩子'，闹了一场误会。"罗荣桓同志一听笑着点头说："是啰，是啰，这是因为方言不一样造成的误会啰。这种误会我们在长征中也遇到过的。有一次，我们走到贵州地界，天晚了，在老乡家住宿。小鬼向屋主借门板搭铺，谁知屋主一听不但不借，还把小鬼骂了一顿，并且要赶我们走……后来才搞明白，当地方言把'女子'叫做'板子'，我们向房主借门板就等于要借'女子'了，当然要把我们当坏人对待啰。"在大家快活的笑声中，罗荣桓同志语重心长地对我们说："从这些事情看，方言问题是个很重要的问题。和方言差不多的还有个民俗问题，我们不了解就会发生一些误会或麻烦。以后我们在长征中，每到一个地方之前，都要先做些调查研究。比如，当地都有哪些独特的风俗习惯，有什么禁忌，等等。并事先对部队进行教育，这样就好得多了。在战争年代，说是方言问题、民俗问题，其实是一个群众路线问题，群众观点问题。"……在场的同志听了，都觉得他讲得既深刻，又中肯，很受教育。

我们向罗荣桓同志主要汇报了如何组织队伍，发动参军等工作。罗荣桓同志提出想了解一下地区白区党的情况。我和栗再温同志分别谈了平山党从1928年建立一直到抗战开始时的历程，进行过的斗争，经历过的挫折，直至今天如何领导敌后人民群众的抗日斗争。汇报完后，我们请罗荣桓同志作指示。罗荣桓同志说："现在国内形势到了一个新的转折点，国共两党合作，红军改编为八路军。党中央关于开展敌后游击战的方针十分重要，毛泽东同志的决策是很有远见的……"接下来，他精辟地为我们分析了国际国内形势的特点，日本、国民党和我方三方面的力量对比，阐述了党的抗日民族统一战线和敌后游击战的方针策略的必要性和实行中应注意的问题，指出了我们抗战必胜的前途。罗荣桓同志讲起话来慢声细语的，但条理清晰，思想深邃，原则明确，语言生动风趣，具有极强的吸引力和感染力。讲完形势问题，他又讲起军队建设问题。他说："……打仗要靠兵，我们的队伍总共改编为三个师，数量不多。但战争是民族的战争，我们到敌后去，队伍会扩大的。"讲到这里，他用饱含深情的目光把我们一扫过，然后用商量的口气说："我们——五师队伍也不多，特别是缺乏知识分子。你们这里地下党的基础很好，文化素质也比较高，能不能帮我们增加一些知识分子？"我们问："需要多少呢？""百十来个吧。当然，多多益善。"罗荣桓同志笑眯眯地回答。

一时，我们都感到有些为难。我们这个地区不大，工作又刚刚开展起来，一下动员这么多人，尤其是读过书的人参军，确实有困难。大家你看看我，我看看你。但大家都对罗荣桓同志怀着深深的敬意，相信他带的部队定会成为一支抗击日本侵略者的铁军。大家相互会意地点点头。栗再温同志和我代表大家向罗荣桓表示，对罗主任的要求，我们一定设法满足。

这是我和罗主任的第一次接触，给我留下了深刻的印象。半个多月后，我们向一一五师输送了130多名青年战士，都具有高小以上文化程度——那个时代，有高小文化程度就算"知识分子"啦。这些人后来大部分都成为一一五师营团级干部。

八年苦战，中国人民终于赢得了抗日战争的胜利，我们的党和军队也在纷飞的战火中成长壮大起来。1946年秋，我奉命从热河带一批干部来到东北局所在地的哈尔滨，东北局任命我为松江省委副书记兼秘书长。我到省委报到时，省委机关只有一位组织部副部长在主持日常工作，省委书记秀山和省委其他领导，带着机关的同志全到各县发动群众搞土改去了。我也随即到尚志、延寿参加那里的土改工作组。东北局负责抓土改的李富春同志，时常找我们去汇报，有时也让我们列席东北局的会议。

有一次（具体的时间记不清了），我又接到通知去列席东北局会议。会议开始不久，一位潇洒的军人走进了会议室，是我在洪子店见过的罗荣桓同志。我们9年未见了。会议休息时，我很想走过去和他讲几句话，又一想，已经过去9年了，他还能记得我吗？正当我举棋不定时，罗荣桓同志却向我走来了，并且首先向我伸出了手，笑着问我："你这个东北老表，这次

打回东北老家来了，是在东北局工作吗？"我说："在松江省委工作，是来列席会议的。"他又问了我一些松江的情况。谈了一阵，就回到他的座位上去了。坐在他旁边的李富春同志问他："你们认识？"他微笑着说："噢，我们在1937年抗战开始不久就在河北平山县洪子店认识了。他们地委给我帮了个大忙，动员了130多个知识分子参加了我们教导队。这些人到山东几年，都成为一一五师的骨干分子了……"

……

松江地区的土地改革，在中央发布的《五四指示》后，轰轰烈烈地展开了。到1947年冬天，基本告一段落。中央和东北局对松江地区的土改工作做出了"基本正确"的结论。

12月的一天，省委接到东北局一个通知：定于×日在军区召开军队政治工作会议，请松江省委派一名负责同志参加。

我们几个常委议论开了："军区召开的会议为什么叫省委去参加呢？"秀山同志很敏感，说："听说罗荣桓同志正在负责组建二线兵团，这个会很可能是动员农民参军的会，我们在精神上应当有所准备。"最后确定由我去参加这个会，因为我还兼省军区副政委的职务。

我按时来到东北局，走进会议室后，就找了一个后面的角落坐下。室内取暖设备很差，大家不停地跺脚。在一片呛人的烟雾和喧嚷的人声中，罗荣桓同志从一个侧门健步登上了主席台，会议室一下静下来。

罗荣桓同志用他炯炯有神的目光缓缓扫过会场一周，就坐了下来，宣布开会。自他的身影一出现，我就明白了：这个会肯定是个扩军会。我紧张地思索着：如果分配给我省的动员参军的数额超过我们能达到的数字怎么办？拒绝吗？在洪子店和罗荣桓同志打交道的经验告诉我，他很会做思想工作，他的话很有说服力和感召力，对于他提出的任务和要求，你几乎没有法子不接受。我天真地想：如果罗荣桓同志看不见我，也许可以躲过去。于是，又悄悄地往人后缩了缩，罗荣桓同志开始讲话了。

他首先对全国解放战争和东北解放战争的形势作了全面的分析，指出东北已经面临全面解放的前夕。但我们的对手是蒋介石的王牌军队，要全部消灭他们，解放全东北，还是一件十分艰巨的任务。但是我们一定能够战胜他们！因为我们打的是人民战争，我们的军队是由觉悟了的广大人民组成的。历史证明，只要我们牢牢掌握住这条战争规律，不管多么强大的敌人，都能把他们吃掉……讲完了形势，就落实到具体任务上来。他说："今天的会议是落实兵员的会议。这几年的战争，我们的兵员消耗很大，需要补充。还要组建二线兵团，参加今天会议的都是军队团营干部，新部队的架子搭起来了，现在就是要充实兵员。东北局已经决定在北满地区再动员 20 万农民参军。"讲到这里，他突然问："松江省委负责同志来了没有？"我只得从人后站起来答道："来了。"他一看是我，"噢"了一声，叫我到前边去坐。说："李德仲同志，今天的戏要你来唱主角啊。"

我只好硬着头皮坐到前边去。罗荣桓同志继续讲这 20 万兵员问题："其他地区已经分别开始动员，东北局决定在松江省动员 5 万农民参军。"我一听，脑袋"嗡"地一下大了。罗荣桓同志接着问我："李德仲同志，怎么样？这个数字有困难吗？"我站了起来，竭力让自己冷静下来，坦率地说："有困难。我们省一共只有 27 万人口，已经动员了 3 万青壮年参军了，再动员 5 万，说什么也完不成。"他听后说："你们松江土改是比较健康的，搞得是好的，有群众基础，这个数字不算主观。农民有了土地，就会起来保卫他们的胜利果实。只要我们有群众观点，相信农民的觉悟。认真做好宣传动员工作，任务是一定会完成的。你不要着急，会后你们省委认真研究一下。再答复我。"他说得很温和，但很坚定。

继而他对到会的军队干部讲了一些军队工作问题。如：如何搭好架子？如何接收新兵？接收后怎样进行编组和训练？等等。会散了，大家陆续走出会场。这时，罗荣桓同志找到我，和我边走边谈了起来。他向我介绍了中央苏区动员群众参军的经验。他说："这里有一条规律，就是打土豪分田地搞得越好的地方，参军的人数就越多，质量也越好。东北局是充分考虑了你们省的情况后才下达给你们这样一个数字的。这次动员参军工作，对于你们省的土改工作也是一次检验。你回去同秀山同志商量一下，把商量的结果尽快告诉我。"

这次会议仅开了半天，却给我留下了终生难忘的印象。几十年过去了，当时的一情一景，回想起来还像昨天发生的一样。记得那次会议结束后，我不顾饥饿，带着满脑袋的疑虑，直接奔回松江省机关。到了秀山同志的宿舍，我把会上的每一个细节都向秀山同志详尽地做了汇报。秀山同志听了，思考了一会儿，说："既然这个数字是东北局定的，我们常委应该认真讨论一下再答复罗荣桓同志。你通知全体常委到机关开会。"在秀山同志的

主持下召开了省常委会。我汇报了罗荣桓同志主持的这次会议的情况，和东北局决定要松江省完成动员 5 万农民参军的任务。接着大家进行了热烈的讨论。经过充分研究，大家的认识逐渐统一了，最后秀山同志做结论说："这次我们要动员 5 万群众参军，加上送走的 3 万多人，总共将有 8 万多农民参军，确是一件困难较大的事情。但是，既然东北局做出了决定，而且这又是关系到解放东北的全局性问题，我们还是应当从大局出发，接受这项任务。如果常委们同意的话，我们就告诉罗荣桓同志：我们接受再动员 5 万农民参军的任务！"会议一致通过了这个提议。

我当即把省常委会的决定打电话告诉了罗荣桓同志。罗荣桓同志听了，高兴地说："很好嘛，我一定把你们的情况汇报给东北局。"

省常委会后，我们又召开了各地委、特委书记会议，专门布置落实再动员 5 万农民参军的任务。会上争论得也很激烈。开始，县委书记们一致认为省委分配的任务完不成。我们详细传达了罗荣桓同志的讲话精神，向大家反复讲明这次任务的重要意义，特别强调了这次扩军是对各地土改是否健康的一次检验。经过统一认识，大家纷纷表示接受任务。

出乎意料的是，这项看来十分艰巨的任务，完成得却非常顺利。到 1948 年 3 月，松江全省报名参军的农民达 5.3 万多人。经过遴选，最后参军人数是 5.1 万多名。而且没有发生开小差的情况。

事实又一次证明，罗荣桓同志代表东北局布置的扩军任务是很有远见卓识的。在东北的战争中，他根据分工负责抓二线兵团建设，他不顾病躯，深入下层，认真组织动员，先后组建了 100 多个二线兵团，并进行了有效的训练。这些部队在解放全东北的战争中发挥了巨大的作用。

（李德仲）

"这是党的需要"

我是北洋军阀靳云鹏的侄子，我父亲是靳云鹗，原籍虽是山东邹县，但在天津、北京长大、读书。上中学时，参加了北平的一二·九运动。抗战爆发后在山东参加了中华民族解放先锋队（简称"民先"）。不久，中共山东省委通过"民先"省队部，派我和另外4位同学到我的故乡邹县拉游击队，并交代，如不成，就上延安。因为国民党反动派在山东的总头子秦启荣也是邹县人，他在地方上势力很大，我们斗不过他。日军迫近邹县时，我们只得赴延安。1938年2月，我在八路军西安办事处给林伯渠同志整理报纸、做摘要。3月中旬，林老同意我到延安"抗大"学习。我在"抗大"加入了光荣的中国共产党。同年8月，我在"抗大"，快要毕业时，恰好黎玉同志来延安汇报，他知道我在延安，为了搞统战工作，便把我要到山东。我到山东后，开始被派到山东纵队第十二支队当团政委，不久就当鲁南地区的八路军的代表，搞统战工作。八路军哪个部队来到鲁南地区，我就当哪个部队的统战科长。吴克华司令带第十九旅从胶东到鲁南，我就当该旅的统战科长。1939年秋，我改任鲁南三分区政治处主任，具体负责迎接一一五师进入鲁南的部队。

一一五师师部到鲁南后，住在大炉。罗荣桓政委感到搞统战，我这个名义还小了，就叫我当一一五师后方政治部主任。那时罗政委住在民主人士万春圃家后院的东屋，地委书记宋子成住北屋，我住在同院的炮楼里。罗政委在大炉住了有一个多月，同我多次谈话，是我入党后同我谈话最多的高级首长，对我教育很大。我路过他的住房时，他常把我叫到屋里。屋里烧着木头疙瘩，我们围着火，边拨弄炭火边谈。他平时很少同人开玩笑，但对我是例外，有时开玩笑叫我是"大少爷"或"靳少爷"。

他详细问过我的家庭情况，是怎样参加革命的。我说我是参加一二·九运动受党的影响参加革命的。他点点头，说："中国的知识分子不管是出身哪个阶级的，在革命高潮中很多人卷进了革命潮流。这种情况在外国是少见的。原因是中国是一个半封建半殖民地社会。尽管你家是个军阀，又是地主兼资本家，如果一垮也还是一败涂地。"

他又问我："你家生活条件如此优越，为什么非参加革命不可呢？"

我说："我的父辈几乎没有一个不抽鸦片烟的。生活上男女都一塌糊涂。我父亲明的是大小老婆4个，暗的姘头、小公馆究竟有多少，我也搞不清楚。我有一个堂姐是冻死的。在这个钟鸣鼎食之家怎么会冻死呢？原来她冬天穿着玻璃丝袜去滑冰，得了关节炎，后来嫁给张勋的第五子，生孩

子产后生病瘫痪，被丈夫遗弃而窝囊死了。我那个家庭尽管吃穿都很豪华，但人与人的关系已经物化了，除了金钱没有别的。我实在不愿意同流合污，怄不了那个气。"

罗政委说："《红楼梦》里讲过，贾府除了门口一对石狮子干净外，就没有干净的了。你家情况也是如此。"

罗政委又援引周恩来同志为榜样，说明非劳动人民家庭出身的知识分子能参加革命，这是中国革命的特点，以鼓励我不断进步。他还对我说："小资产阶级出身的知识分子，在革命队伍里应当充分发挥自己的聪明才智，但是不应当看不起老干部。有些知识分子感到老干部没文化，说话有时词不达意，只会打仗。这种看法不对。他们的实践经验不是你们很短时间就能学会的。"

有一次，我还同罗政委谈起我很长时间想不通的一件事。一二·九运动期间，我在北平，当时凡有扛旗子、领着喊口号的事，学校的进步同学就让我出头，有时还让我骑上当时北平少见的摩托车送信。但在组织民族解放先锋队时却不通知我，使我感到用不着我时，就把我甩了。罗政委耐心听完我的诉说后，对我说："让你扛旗、喊口号，是因为当时北平市警察局局长袁良曾经当过你伯父的副官长，这样做比较安全，这是党的需要。当时不让你参加'民先'，有些事不便告诉你也是党的需要。要从党的事业上考虑，就可以想通。"停了一会儿他又说："现在我是跟你谈，当然应当讲，不让你知道更多的事是便于工作。如果我同你的领导人谈，就应当强调多给你以教育。"

由于我特殊的社会关系，罗政委就派我去搞统战工作。当时我的主要任务就是联系东北军和其他地方实力派武装，同他们谈判。因为张作霖和靳云鹏是儿女亲家，而东北军一一二师师长霍守义是张的老部下，霍就称我为"老弟"。

我每次出去都特别装备一番，骑上高头大马，带上由保卫干部充当的警卫员，作为高级干部出入于他们的防地。罗政委经常同我讲：让你作为高级干部去同他们谈判，这是党的工作的需要，需要利用这种关系。他讲得比较婉转，但意思我明白，就是叫我不要骄傲。

1939年，鲁南的统战工作曾经受到王明"一切经过统一战线"、"一切服从统一战线"的影响。我们在鲁南有一支部队完全是我们党领导的，开始叫"鲁南人民抗日义勇队第一总队",但后来因处境困难,只好接受张里元鲁南专员公署的直辖第四团的番号。那时我们打开了地方,不建设自己的抗日民主政权,反而请国民党回来当官。张里元对直辖四团不供给军饷,我们又没有自己的政权,穷得一天只能吃两顿糠窝窝,冬天穿不上棉衣。当时山东分局还给国民党的进步力量"抗协"建立了抗敌自卫军。

罗政委来到鲁南后,很快发现了这种不正常的情况,对抗敌自卫军问题提出了"这样做对不对"的疑问,把直辖四团改为我军苏鲁支队。1940年,迅速建立了鲁南地区第一个峄县抗日民主政府,由潘振武同志任县长。接着又成立费县抗日民主政府,选举韩文一同志为县长。后来又成立四县边联政府。建立了民主政府,开始收税,大大改善了我党我军的经济物质条件。这时,在鲁南活动的东北军霍守义虽然态度还比较中立,但他攻击我军破坏了国民党的"一个主义(三民主义)、一个政府(国民党政府)、一个领袖(蒋介石)"的原则,破坏了国共两党抗战初期的协定。

罗政委多次派我去同霍守义谈判,每次去之前,他都对我作具体布置,设想他如何提出问题,我们如何答复。例如,如果他提出我们破坏了"一个政府",我们就回答,日军来后,国民党政府委派的县长、区长们望风而逃,现在抗战的人民理应成立民选的抗日民主政府。如果他提出为什么四团要改为八路军的番号,我们就回答,张里元不供给粮饷,歧视这个部队。

罗政委还指示我,原则问题要寸步不让,非原则问题可采取缓和的态度。哪些事要针锋相对,哪些事可做必要让步。他说,应该将秦启荣和东北军区别开。尽管霍守义同西安事变无直接关系,还要讲我们和东北军是抗日的老朋友,要给他戴上高帽子。对他们抗日有功应做充分估计,但原则问题寸步也不能让。他还告诉我,如果他们请你赴宴,可以去,但不能酗酒。要不卑不亢,理直气壮,和颜悦色。有一次我和霍守义争议得很厉害。他说我们破坏统一战线,我按照罗政委的指示,据理一条条驳他,他哑口无言,只好说:"哎呀,老弟,先吃饭。吃了再谈。"

那时,我们住在大炉,霍守义住在石河、官庄、辛庄等地。每次我去东北军以前,参加研究的除了罗政委之外,还有宋子成、王秉璋、刘兴元、潘振武等同志。罗政委是在传达了六中全会精神,处理了湖西"肃托"事件后来鲁南的。当时他虽然没有兼分局工作,但对坚持正确的路线起了很大作用。

罗政委不仅注意发挥知识分子的积极作用，而且十分关心他们的成长和进步。他经常鼓励知识分子到基层去、到连队去，同工农兵打成一片。我入党刚八个月就当了团政委，深感缺乏连队工作经验，不能胜任后方政治部的工作。1941年，在蛟龙汪召开政治工作会议和体育运动大会期间，我向一一五师组织部梁必业部长提出，要求到主力部队的基层工作。梁部长让我找罗政委。罗政委对我说，因为工作需要，让我先留在师政治部工作。但是，他仍然将这件事记在心中。到1942年冬天鲁南日军大"扫荡"以前，机关精兵简政，要调一批干部深入敌占区开展工作时，罗政委便派我去鲁南搞武工队。

（勒怀刚）

春雨润物细无声

1937年我才12岁，像一株稚嫩的幼苗。入伍不久，就到八路军一一五师师部干勤务工作，几乎天天能见到罗荣桓政委，尤其是1943年奥地利医生罗生特同志来山东军区工作，我担任他的警卫员后，与罗政委接触的机会就更多了。罗政委从许多小事中显示出来的无产阶级革命家的高贵品质，就像那滋润幼株的春雨，默默地洒向我的心田。

罗政委和羊毛絮

1940年，鲁南根据地同各抗日根据地一样，经历了艰难困苦的时光。侵华日军，军事上实行烧光、杀光、抢光；政治上搞以华制华的奴化政策；经济上封锁严密，破坏惨重，妄图饿死、困死我抗日健儿。此时，我们八路军一一五师师机关率其主力六八六团等部队，正在鲁南的抱犊崮山区，配合地方发动群众，开辟敌后抗日根据地，开展游击战争。身处四面受敌和恶劣环境之中的这支由罗政委亲自率领，具有悠久历史和屡建战功的部队，几乎天天与日、伪、顽军和土匪王洪九、刘黑七战斗，真是前有狼后有虎，行动受阻，食宿不宁。从军事形势到政治局面，自然环境和生活条件，都是我们面临的严峻问题。我们生活非常艰难。穆子煎饼、地瓜干和野菜成了我们的主食。首长的保健饭，经常连小米都吃不上。穿衣服就更难了。

罗荣桓政委曾在部队中了解到，几个人挤着盖一床被，站岗时，还把被子对折起来，再用背包带子从中穿过，披在肩上扎紧，以代大衣，指战员们对此还有一美称，叫做"关公披红"；有大衣的同志，睡觉时把两个袖口扎紧，两腿伸进袖内，衣襟盖在身上，大家把这种办法颂为"袖里吞金和以短补长"；天已经很冷了，部队还穿不上棉衣，他们把小包里仅有的几件衣服都套穿上了，像说快板书那样数道：单一层，夹一层，里一层，外一层，层层多了能过冬。

广大指战员克服困难的毅力和乐观主义精神是值得颂扬的。可是，罗政委的心里却焦急得很，他为解决部队过冬棉衣问题，吃不下，睡不安。罗政委一再指示供给部何敬之部长要千方百计解决冬装问题。

当他得悉，所买到的棉花都织了土粗布，以做冬装的里面之用，而冬装的棉絮经再三努力尚未到手时，罗政委感到问题的严重性，便亲自去供给部了解详情。事也凑巧，途中遇到一位放羊的老大爷，老羊倌腰间扎着一条绳，绳上系着一块小羊皮，小羊皮一直耷拉到屁股下边，这块用作坐垫而又很不起眼儿的小羊皮，吸引了罗政委，他那炯炯有神的目光集中在小羊皮上，既像自言自语又似对老大爷说："我们穿不起羊皮，穿羊毛还要得哟。"他问老羊倌："老乡，你说羊毛能否代替棉花？"老大爷的回答非常直爽：羊皮能做皮袄、皮裤，羊毛能捻线打毛衣，就是没有絮棉衣棉裤的。它又脏又膻，碰到阴天很腥气。要是用本地布还会从布孔里往外冒毛。前年，我把坐了好几年的快没毛的小羊皮，换了鞭鞘，随手抓了把羊毛，我撕扒了撕扒，让老伴给缝上了，没两天就滚了包，还是这玩意儿（指小羊皮）好，能防潮，能隔凉。

"好是好。可咱们穷哟，穷有穷的办法。穿不行，还可以盖嘛，不晓得有几多羊毛（有多少的意思）？"

"那不用犯愁，差不离每家都有。咱队伍上要整，用洋布，针脚密点，

兴许能行。""谢谢你，你帮我们出了一个很好的主意。"

罗政委到供给部没找到何敬之同志，便将老羊倌的话和他的以羊毛代棉花的设想告诉了供给部的同志："待何部长回来，你们把这件事报告他，并再进行详细调查，如果可行，尽快收购羊毛，发动大家自己动手，搞好以羊毛代替棉絮解决棉衣问题。"

星期六机关会操的时候，和往常一样，值班员报告后，把队列变成了讲话队形，罗政委讲话：

"同志们！两个月前，曾要求大家不失时机采集槐花做染料，由于同志们的积极行动，成绩很大，染出的土布效果很好。"

"今天又要求大家紧急动员起来，把代替棉花的羊毛洗干净，弄松软，以解决冬天穿盖的大事情。"

"有一次我曾经说到，是饭就充饥，是衣就御寒，细布衣好看，粗布衣耐穿。今天我要告诉同志们，羊毛代棉花一样暖。我们自己动手，解决这件关系温饱的大事，要以此粉碎敌人的破坏，让它的封锁去见鬼吧！"

在一个晴朗的中午，到小河里洗羊毛的指战员越来越多。其中有提筐的，也有端盆的，还有拿捶衣棒的。有坐在树下先择毛中杂物的，有用石头围个小坑浸羊毛的。

我洗的是两人份，昨天就把羊毛里的蒺藜、苍耳子、羊粪蛋等杂物择净了，又用过滤的灰水（当碱水用）把羊毛泡了一宿，洗的时候又捶了一阵子，再继续洗已非常干净了。我为使它干得快和干净，又在几块晒热了的石头上烙晾。我还用手撕扒，双手揉搓，树条抽打。效果非常理想。既好看又显多。真是闻无味、摸松柔、看洁白，这一方法，被很多同志所采用。

罗政委来到河边，看到那热火朝天的场面，他非常满意，还让勤务员把他那份拿来和大家一块洗。罗政委边洗羊毛，边和大家谈话，鼓励大家积极战胜困难。他说："困难是很讨厌的东西，但，我们在困难面前，从没低过头、让过步，我们冲破了无数的困难，困难都成了我们的俘虏，在共产党和八路军的字典里是查不到困难两个字的。大家晓得，我们光忍受困难是不够的，我们克服困难、战胜困难才要得。今天大家的行动，就是克服困难的集中表现。"罗政委的话，给了大家战胜困难的信心和勇气。

这年冬天，罗政委和部队干部、战士一样，穿的也是羊毛絮的棉衣。

虽然它不像棉花絮的那样平整、好看，但同样可以御寒。

那个阳历年……

1942年的元旦，带着残冬的寒意，掠过战场的硝烟，来到了苏鲁边的聂家庄。

抗战4年多了，聂家庄像根据地的众多村庄一样，奉献了它应该奉献的一切，条件变得异常艰苦。然而好歹是个阳历年，多少得让大家改善改善生活啊。于是，几位师首长掏腰包凑了点钱，好不容易买到一条并不肥的狗。罗荣桓同志特意嘱咐我们，要像杀猪那样燎毛，不要剥皮。这也许是为了增加一点"分量"。

下午"会餐"的时候，代师长陈光问："怎么净是好肉，没一点杂碎？"

"扔了。"

"噢？土包子嘛，那也是很好吃的东西呀。"

过去听老人讲过，没有吃狼心狗肺的，因而认为狗的内脏都不能吃，全给我们扔到村前的一个水坑里了。既然是能吃的，就该把它捞回来。晚饭后，朱清正、曾建同几个警卫员，借了老乡一个耙子，便朝水坑走去。

水坑不很大，狗的下水扔到水坑中间了，耙子够不着，只得卷起裤腿下去捞。

"鱼！"不知谁喊起来。

我也觉着有什么东西撞了一下腿肚子。对，是鱼！这年月碰上鱼，可不简单！我们一下来了劲，狗下水顾不上捞了，水也不感到凉了，认真地摸起鱼来了。不长时间，居然从草丛里摸到七八条小鱼，约莫有三四寸长，两把来重一条哩。

天不早了，我们只得捞出狗下水，恋恋不舍地离开水坑。

凑巧，回来一进门就碰见罗政委，他一见惊喜地问：

"鱼？哪买的？好多钱一斤？"

"没花钱。"走在前面的朱清正带着一种自豪的口吻答道，"——摸的！"

"摸的？"罗政委眼镜里透出疑惑的目光，"是不是老乡鱼塘里养的噢？"

糟糕！当时只顾高兴，压根儿没想到这一步。我们愣在那里了。

"乱弹琴！"罗政委性情素来温和，极少动怒，这时却生气了，不过语

气马上柔和起来，"不拿群众一针一线，怎么能摸老乡的鱼呢？马上放回塘里去。"

朱清正提起鱼串子一看，连冻带折腾，鱼已经半死不活了。

"是啊，鱼离开水就活不成。我们好比这鱼，老乡就是我们的'水'哩！"罗政委语重心长地开导我们，然后挥挥手，"走吧，这事我来处理。"

快黄昏了，罗政委才从外面回来，一边催促大家早点休息，一边走进里屋，亮起油灯，又忙开了。

大家正准备睡觉，一位50来岁的大爷端着一个水瓢进来了，瓢里盛着几条活蹦乱跳的小鱼。我们连忙给大爷让座。罗政委也闻声从里屋出来了。大爷把鱼放下，对罗政委说：

"俺刚才借了个扒网子，到坑边只网了这么几条，天就黑了，看不见了……"

罗政委感动地说："本来就对不住了，您还这么劳神。"

我们渐渐觉察出这位大爷就是水坑的主人，连忙向他道歉。

大爷呵呵一笑："嗨，说到哪里去了。只因俺们这里不兴过阳历年，不知道今天队伍上过年，也不知道俺那水坑里还有这些个小鱼，要不早就捞给队伍尝个新鲜了。那是个栽藕的坑，从没有养过鱼，想是天生的。就是养的，也该捞啊，军民一家嘛！"

屋里荡起阵阵欢声笑语，就像一家子在亲亲热热地唠家常。

这时，罗政委把他的警卫员叫过来，悄声吩咐："叫四科事务股的同志来一下，给老乡付点钱。"

"还给钱？先前你给的钱都不能收的！"大爷耳朵挺精灵的，立刻拉长了脸，将手里捏着的两张两角的纸币往桌上一放，起身就走，嘴里还直嘟囔，"俺成了卖鱼的啦？要是伪军，拿枪逼俺捞还不捞哩！"大爷说到这里，语调变得那么深沉，"而今这鱼呢，不是俺养的，首长还亲自到俺家又赔不是又给钱，嗨，真是好队伍哇。谁说八路不好，我骂他八辈！"

大爷走后，罗政委又对大家说："看到了吧，同志们！群众工作做好了，老乡就亲近我们，我们才有靠山。"

激动人心的担架

1942 年冬以后，罗政委时常尿血，每次都是大半盆，这纯粹是累病的啊！

他不能行走，不能骑马。为了指挥对敌斗争，他就躺在担架上顽强地工作不离岗位。有时他夜晚也不离开担架。到了宿营地，大家要把他从担架上扶上炕头，他摇摇头："不用了，抬上抬下弄得同志们蛮辛苦的，再说，遇到紧急情况，还容易误事。就把我连担架一起抬上炕吧，晚上加条被子就得了。"

每当驻扎下来，罗政委就叫警卫员把他扶起，拿条被子让他靠着，在担架上紧张地指挥、工作、学习。

担架就是罗政委的指挥部。在战火纷飞的前沿，多少军事会议在他担架旁召开，多少战斗命令从他担架旁发出！随着他坚定的手势，随着他标画的红蓝箭头，一支支无敌的队伍飞向战场，一个个胜利的捷报频频传来。

罗政委工作时全神贯注的神态给我留下很深的印象。一次，部队刚在莒县大店驻下，我去罗政委住处，只见他坐在担架上，吃力地在躬起的大腿上写文章，旁边放着几份文件。我知道罗政委爱喝茶，便拿过他的茶缸，从他那随身携带的蓝色铁皮茶叶盒中抓了一撮茶叶，沏好，放在他身旁。罗政委朝我点点头，又埋头写了起来。待我去给他添水，发现茶水原封未动，已经凉了。他的身体是不宜喝凉茶的，我连忙倒掉，重新沏上。罗政委接过茶，正准备喝，忽然想起什么，又放下缸子，拿起了笔。当我再次去添水，见这缸茶又忘记喝了。我又沏上一缸端去。罗政委脸带歉色，连忙腾出手来端起茶，一连喝了好几口，然后抬头朝我笑了笑，咂咂嘴又忙他的了——罗政委就是这样以惊人的韧劲忘我地工作着！

今晚月色真美

月亮升起来了，淡淡的月光，映着山峦，映着疏林，映着这小小的大房前村。四野一片静谧。

这里，一场讨伐伪军的战役刚刚胜利结束。作为整个战役的指挥者罗

政委，此时眉宇间露出鏖战后的轻松和愉悦，他见窗外有人散步，便拾掇好刚刚阅过的中央转发谭政同志《关于军队政治工作问题》的报告，出来一看，原来是肖主任和罗大夫，他们不约而同地谈笑着出了大门。一种警卫员的责任感驱使我随后保卫，对我特别亲昵的"佳琳"（军犬）也来了。

罗政委他们顺着小路，慢慢地向村子西边走去。为不打扰他们，我与他们总保持一段距离。

他们在一片树荫下立住了，赏起月来。我便登上一座土包警戒。只见他们不时挥手指指点点，显然谈得很投机——罗生特大夫只会几句生硬的中国话，然而这并不妨碍他们交流思想。准确地说，他们是用心、用一种共同的情感和理想在交谈。我为自己在执行一种光荣的使命而自豪。

他们往回走了，我也动步下坡。机灵的"佳琳"，抢步从我身旁冲下去，带起一阵索索的响声。

"哪一个？"罗生特大夫操着从罗政委那儿学来的湖南口音问。

"是我，刘洪德！"我急忙答应。

"哦，是你哟。"罗政委朝我走过来，亲切地问，"当警卫员有味道吗？"

"有味道！"我不假思索响亮地回答。可不是吗，在八路军里，不管干什么，我都觉得有意思极了，尤其是给罗生特这样可敬的国际主义战士当警卫员，而且还能经常接触罗政委这样的首长，心中时时都是舒坦愉快的。

我们挨得很近，沿着那条小道慢慢地走着。月光透过路旁的林木，洒在路上，像满地的碎银，又像无数的小花……

"文化学得怎样？"

我如实做了汇报，罗政委听了，满意地点点头。

"得发狠学哩，形势发展很快，你们肩上的担子重啊，同志！"罗政委说着，深情地看我一眼。他那从眼镜里透出来的目光，比天上的月光还柔和。我顿时感到周身激荡着一股暖流，使我想得很多很多。

我想起去年春天的一件事。那时，部队马上要从莒县的梁店转移到坪上，大家都在紧张地拾掇着。我来到罗政委室内，政委让我把墙上那张大军用地图取下来，我赶忙搬了条板凳去摘。我个子矮，图又挂得高，踩在凳子上还得踮起脚尖才能勉强够着。我一只手既摁地图又扶着墙，一只手拔图钉。当时我的衣服一个口袋也没有，只得把拔下的图钉一个个含进口里。罗政委见了，连忙放下手中的文件走过来，嗔怪道："把图钉给我！你这个小鬼，还在卫生部待过哩，这么不讲卫生，万一把钉子吞进去就更不得了!"他平素话不多，这时却喋喋不休，像慈爱的兄长数落不懂事的小弟弟，"一个战士要晓得爱护身体，没有好身体，怎么打鬼子、搞革命!"多暖人的话啊，我眼里湿漉漉的。

我又想起自己的身世。我家里很穷苦，9 岁时，母亲就去世了。两个妹妹很小。我只得给人家去打短工，到 11 岁就扛起了长活。冬天地里没活，我就给东家拾粪。一次，我见一群孩子在路边做游戏，怪有意思的，就背着粪篓看了一会儿。猛然"啪"的一声，一个大耳光落到脸上，打得我直摇晃，脸上火辣辣的，眼里火星乱跳。定睛一看，是王掌柜，他指着我的鼻子大骂起来。我受不了这个气，粪篓一摔，跑回家去，一元工钱也没得到（原定管吃管穿，回家过年一块钱），第二年就参军了……咱们队伍里多温暖啊，就连指挥千军万马的首长，也把我这个穷孩子当亲兄弟一样看待……

"你想什么呢?"

罗政委、肖主任和罗大夫几乎是同时的问话打断了我的沉思。我不好意思笑了笑，算作回答。

"送你去学习好不好?"罗政委问。

"去哪儿? 学啥?"

"去教导团……"

"学这个——"罗生特接过罗政委的话音，用手做了个刺杀动作，意思是叫我学军事，同时说了声："顶好!"

我很激动，却担心学不好，辜负了首长的期望。三位首长鼓励我说："不用怕，学得好的，学习就像爬山一样，只要有胆量，肯用劲，不歇脚，再陡再高的山也爬得上去的。"

我咬着嘴唇，一字一句地听着，用力点点头。

天空，月亮从云缝中露出脸庞，笑眯眯的。啊，今晚的月色真美! 我永远也忘不了!

（刘洪德）

"革命军人嘛，要唱英勇
杀敌的歌子"

    1940 年春天，我被调到八路军——五师政治部秘书处当勤务员，有幸工作生活在师政治委员罗荣桓同志身边。回忆我与他相处的日子，他那浓重的湖南口音和亲切的面容，一直在我的脑海里回荡；他那尊老爱幼的美德和严于律己的高尚情操，也一直在我的心头萦绕。

小战士的良师益友

    我刚来到秘书处工作时，还是个 13 岁的孩子。每天，除了扫地、打水和领饭外，就是玩，什么也不懂。为了使我尽快地熟悉业务，罗政委便叫身边的李秘书负责教我如何整理卫生，管理内务，还手把手地教我识字，使我很快收住了贪玩的心。平时，我爱手里干着活，嘴里唱着歌。一天，我正起劲地哼着一首《敬茶歌》："第一杯茶呀，敬我的妈呀！儿去当兵莫哭啼呀……第六杯茶呀，敬我的妻呀……"还没唱完，就被李秘书打断了，他批评我说："不要鼻子，胎毛没褪，就想老婆。"秘书长也严肃地追问我是从哪儿学来的。正当我满脸通红，无言答对时，罗政委走来了，他那严肃的目光虽有些逼人，但和蔼的语气却使人感到温暖。他按着我的头说："把那支歌儿再唱给我听听。"我不好意思地低着头，用牙嗑着自己的手指，再也张不开口了。其实，罗政委早已知道这首歌的内容了，他见我不唱，摇着头说："这歌不好，不好！"接着，他摘下了近视眼镜，揩了揩镜片，语重心长地说："我们是一一五师，老乡们都称我们是老八路，老八路唱这样的歌怎么行呢！"随后，又开导我说："我们工作在政治部，每个工作人员都要有点政治头脑嘛！"我被这不懂的名词弄愣了，心里暗暗地想：什么，头脑里还要有政治？这是什么意思？罗政委像是知道了我的心思，说：

"革命军人嘛，要唱英勇杀敌的歌子，懂吗？小鬼！"我认真地点了点头，答应了声："懂。"

罗政委的亲切教诲，对我触动很大。从此，我暗下决心，再也不唱歌了，可我怎么也没想到，他却从这件事上看出了青年战士们的心理，提出了开展"大唱英勇杀敌的歌曲"的活动。我们机关的刘指导员带头，向我们勤务班教唱。他那既叫人听不懂，又不中听的山西腔，一遍又一遍地喊着："战呀，战呀，我们是朱德青年队员，坚决收回万里江山，建立民主和平的乐园……"由于他拿不准音调，开始，我们都不愿意学。后来，他把歌词写在门板上，我们既学了字，又懂了意，配上我们天然的童音，歌曲显得清脆悦耳，越唱越爱唱了。打这，我又开始干着活，哼着歌，罗政委和秘书们听了都很满意。经过一段时间的学习和大唱鼓舞斗志的抗战歌曲，不仅活跃了部队生活，我也渐渐懂得了：打败了日本，不能忙着回家，还要参加建设新中国的道理。

有一次，师党委召开一个重要会议，地址就设在我们秘书处的大院里。院内有棵大槐树，树冠像把撑开的大绿伞，挡住了夏日的阳光，院子里显得格外凉爽。就在会议要结束的那天中午，我一边扫地一边哼起了一句顺口溜："八路军，游击队，不打鬼子光开会。"没想到被正在树下看文件的罗政委听到了。他用浓重的湖南口音严肃地问我："小鬼，唱的什么呀？"我嘻嘻地说："这是从地方上学来的顺口溜。"罗政委不满地说："乱弹琴，人不大，乌七八糟的东西学得满快哩。"我知道又捅了娄子，心里想，等着挨批吧！这时，罗政委却说："你把那个'不'字去掉，换上一个'为'字，再唱一遍嘛！"我没听懂他的意思，不敢张口。站在一旁的秘书长看我呆痴着，便替我试唱出来："八路军，游击队，为打鬼子光开会。"我一听乐了，忙唱道："八路军，游击队，为打鬼子才开会。"我这一唱，罗政委也乐了，他满意地连连点头说："好，改得好，有发展，不愧是我们的小鬼！"

革命军队的普通一兵

凡接触过罗政委的人，都知道他处处严格要求自己，在革命军队这个大家庭里，他不但是一个谦逊朴实、平易近人的好政委，而且还是一个吃

苦在前、享受在后、助人为乐的普通一兵。

1940年，鲁南地区的天气冷得格外早。记得这年深秋，我们住在一个名叫公鸡山的村子里。村后的大山，犹如一只美丽的雄鸡，高高地矗立着，为了御寒，它披上了柿树、山楂和枫树的厚厚落叶，可是我们的战士，却连件棉衣也没有。好容易盼着领军装了，发到每个战士手里的，却是一身缝好了的棉衣片子和几斤连屎带尿的臭羊毛。领导告诉大家，要自洗、自做、自己穿。

缝制用羊毛当棉絮的棉衣，对我来说，别说没见过，就是连听也没有听说过，没办法，只好跟着大人们学。我把分到的那份羊毛抱到河边，先用脚踩，后用手揉，虽然累得满头大汗，羊毛中仍有腥臭味。我也顾不得这些了，就把羊毛摊晒在石板上，哪知道晒干的羊毛，是一块块、一团团的，没有棉花那样松软，很难做成棉衣。我正在发愁，罗政委来了，我当他的面发起了牢骚："也不知是谁出的这个怪点子，叫人穿羊毛。"罗政委听了，不但没有生气，反而笑着说："怎么，羊毛不好吗？羊毛在我们革命史上也立过不少功劳啊！我们长征走过草地以后，要不是陕北红军送来羊毛絮的棉衣，连延安也去不成啰！目前，鲁南山区人民很苦，哪有棉花给我们穿，就是这羊毛，也是他们节省下来的啊！"罗政委的一席话，说得我脸上火辣辣的。接着，他从树上折下一根树条，教我抽打起羊毛来。经过一阵子抽打，成块的羊毛像棉絮一样松软开来。在房东大娘的帮助下，我做好了羊毛棉衣。这年冬天，我们的罗政委和战士们，就是穿着这样的"棉衣"战胜了少有的寒冬，度过了敌后斗争最艰苦的岁月。

罗政委处处同战士们打成一片。有一次，我们转移到了一个小村庄，首长、秘书处和警卫班都住在一个院子里，非常拥挤。管理员事先把罗政委安排在三间宽敞的堂屋里。可是罗政委回来后，强调秘书工作重要，硬是要我们把秘书处的东西搬进堂屋，而他却在一间又潮又暗的偏房里搭了铺。每到晚上，我看到罗政委的房间里亮着的灯光时，就想，罗政委夜以继日地工作，这么辛苦，连间好房子都不住，这是多么可贵的精神啊！

（王汇川）

在京、青、穗、汉的日子里

从 1923 年到 1926 年，我与罗荣桓同志同学。1926 年秋天在广州分别后，又于翌年春天在武汉相会。以后便战斗在不同的岗位上，各自东西，直到全国解放前夕，才在河北平山县西柏坡重逢。

我在与罗荣桓同学三年过程中，深深感到他诚恳朴实，热情如火。他那种对真理的追求，勇敢地投身人民革命的洪流中呼啸着前进的英姿，永远活在我的记忆里。

一

1923 年夏，原在北京师范大学毕业的几个湖南籍学生，为了便利湖南在京准备投考大学的学生补习功课，利用北京宣武门外骡马市大街烂漫胡同湖南会馆的房屋，办了补习学校。学生近百人，课程是数、理、化、英文等。罗荣桓同志和我同班。我们都是暑假后从长沙来到北京的。

到补习学校不久，湖南政客易家钺利用湖南会馆礼堂，召开旅京人士200 多人的同乡会，宣传、散发小册子，鼓吹"联省自治"，为其主子赵恒惕歌功颂德。所谓"联省自治"，就是封建军阀要保全并扩大自己的地盘，永久地实行封建割据，鱼肉人民。易家钺的欺骗宣传，引起与会者的极大愤慨。罗荣桓和大家一起愤怒地揭露"联省自治"的骗局，并高声喊着，要易家钺滚出会馆。易见势不妙，抱头鼠窜。他所散发的小册子都被撕毁抛弃，满地皆是。

补习学校课程于 6 月中旬结束，这时，山东私立青岛大学在京招生。该校是新办的，只有工、商两科。从招生简章看，校舍、自然环境都还不错。于是，罗荣桓和我都报了名。考试后发榜，他录取在工科，我在商科。同

学中被录取的还有 10 多人。7 月中旬，我们便从北京到了青岛大学。

二

罗荣桓来到青岛大学以后，没能安静地坐在书斋里，他进行过实业救国的尝试，勇敢地参加了反帝反封建的革命斗争。

怎样摆脱帝国主义的经济压迫和剥削，发展本国的民族工业？当时，"实业救国论"很有影响，有些安徽人在上海组织了"三友实业社"，生产的棉织品如毛巾、毛巾毯等，花色质量都很好，热爱国货的人士踊跃购买。这对抵制"洋货"有一定的作用。罗荣桓同志便于 1925 年春，和我们几个人发起组织了"三民实业社"吸收投资，每一股份银洋五元，我们各认一股。请一个姓陈的技士（安徽人）负责筹备。不久，生产了纱布、药棉、墨水、肥皂等日用品。这种小小的手工业，怎能和日本帝国主义的大机器生产抗衡呢？不到一年，"三民实业社"就停办了，股本也没有收回来。

1925 年 4 月，日本人在青岛所办纱厂的工人，在上海工人运动的鼓舞下，要求成立工会，增加工资，保障工人合法权益，同资方展开了斗争。工人的正义行动遭到了血腥镇压。5 月 29 日拂晓，日本资本家勾结中国军警开枪射击手无寸铁的罢工工人，当场死伤几十人；有的工人钻进下水道，被日本资本家堵塞棉花包活活闷死。对日本帝国主义及其走狗张宗昌残酷镇压工人运动的滔天罪行，青岛各界人士无比义愤，奋起声援纱厂工人的斗争。

青岛大学学生在学生会的领导下，于 5 月 31 日上午开始罢课。罗荣桓是学生会的负责人之一。他带领同学们参加游行示威，散发宣言、传单，揭露日本纱厂惨案真相。慰问死难者的家属，募集救济金，支持青沪两地工人。学校成立义演话剧团，罗荣桓和一些同学向银行、商店、机关、学校劝销戏票。他还受青岛学联的委托，赴上海开展宣传活动。他全身心地投入了这场反日爱国运动，斗志昂扬、精力充沛，干得认真、出色。

青岛人民的这场反日爱国运动，最后被帝国主义勾结反动军阀镇压下去了。7 月初，胶澳督办公署督办温树德秉承张宗昌的旨意，武装解散了"青岛各界外交促进会"，疯狂地抓人。工会负责人王伦（即当时党在青岛的负责人李慰农）、同情工人、学生的《公民报》主笔胡信之均被逮捕。他们从狱中托被释放的难友捎话给我们说，敌人审讯时，几次都提到我们的名字，叫我们赶快转移。于是罗荣桓同志和我化装到乡下住了一个时期，才返回学校。

这时，我们得知李慰农和胡信之已惨遭敌人杀害。胡信之身后留下了孤苦无依的老母和妻子儿女，极为凄惨。

我们几个人商量，建议将义演话剧团剩下的200多元银币给胡家作抚恤金。可有一部分同学不赞成，主张用这笔钱买书捐献给学校图书馆。为此，在学生会会议上发生激烈争论。罗荣桓同志力主抚恤胡的亲属。最后，通过了我们的建议。于是，我们将钱给了胡的老母，又为她们买了去大连女儿家的船票，将她们送上了船。处理这件事，已是轰轰烈烈的爱国运动的尾声了。

在青岛再也待不下去了！黑暗的军阀统治，资产阶级学校的奴化教育，甚至把俄国十月革命胜利后逃亡到青岛的沙皇俄国的司法大臣也弄到学校来讲演，空气令人窒息！罗荣桓时常夜里爬起来，走到铺着白瓷砖的走廊上，面对着茫茫的大海，任强劲的海风吹得遍体发冷，在他的脑海里盘桓着一连串的问题：怎样挽救中华民族的危亡，怎样摆脱各国帝国主义的瓜分，怎样拯救水深火热之中的劳动群众，一句话，怎样救中国，中国的出路在哪里？最后，他和我决定预科考试结束后，立即去广州考中山大学本科。当时的广州，革命正进行得如火如荼。

三

1926年夏，我们由青岛搭货轮，经上海、厦门到广州。这艘货轮装有腥臭的鱼虾，三等舱就在货舱内，空气十分污浊。罗荣桓同志经常和我站在甲板上瞭望祖国的万里海疆，不时看到外国军舰在祖国美丽的领海上狼奔豕突。罗荣桓同志愤愤地说："看，又是外国军舰，中国沿海的重要地方，都叫帝国主义占完了！"我们都感到要挽救祖国的危亡，舍革命别无他途。

到广州后，罗荣桓同志和我同住在一家小旅馆，作投考中山大学本科的准备。他报考工学院，我报考文学院教育系。工学院第二外国语考德文，文学院第二外国语考日文。考完以后，等候发榜。

从封建军阀黑暗统治下的青岛，来到国共合作的革命政府所在地广州，变换了政治环境，一切都感到很新鲜。我们看了几条主要街道，凭吊了一年前英帝国主义屠杀我国人民的"沙基惨案"的遗迹，望见还被帝国主义占领着的沙面，不禁回想起三年来我们在北京、青岛、上海等地生活和斗争的情景，深感帝国主义勾结封建军阀，把中国人民推入了黑暗的深渊，中国人民必须奋起反抗，肩负起反帝反封建的历史使命。

罗荣桓同志和我到了书店里，买到了关于宣传马克思列宁主义、介绍十月革命胜利经验的书，以及研究我国土地问题、开展工人运动和农民运动的一些小册子、资料。在抱着一大沓书回旅馆的路上，他兴奋地连声说："好啊，这下可好了！"深度近视眼镜后面的一双眸子，闪着兴奋、喜悦的光泽。我们如饥似渴地读着这些书，越读越感到视野开阔，心胸开朗。

这时候，罗荣桓同志的思想、世界观正酝酿着一次质的飞跃。马克思主义的真理，飞速发展的革命形势，使他看清了曾为之上下求索的救国救民的道路。他多么兴奋啊，他明确地认识到：帝国主义、封建军阀的反动统治，只有广大工人、农民、知识分子和其他爱国人士，组织起来，团结一致，艰苦奋战，才能打倒。一百多年来的中国历史证明，改造旧中国，创建新中国的伟大而艰巨的历史任务，只有中国共产党才能担当起来，只有在中国共产党的正确领导下，中国革命才能取得彻底的胜利。他与我共勉，勇敢地投入到时代的激流中去，争取加入中国共产党。

此时，还要不要继续接受大学教育，就不是重要的问题了。中大发榜了。我被录取，罗荣桓却因德文未考好没有被录取。不久，他离穗还乡从事农民运动。

1927 年上半年，罗荣桓在武昌中山大学读书，我这时在武汉政府国民革命军总政治部工作，去看过他几次。5 月间，武汉政府危机四伏，预示着国共合作快要分裂。一天下午，荣桓同志和我坐在武汉大学后面的珞珈山顶上，谈了一会儿。他问我入党了没有，我说，去年 11 月在南昌入了党。我问他，他说入了共青团（同年转党）。又说，湖北省委决定派他去鄂南通城、崇阳一带组织农民暴动，快要走了。此次分手后不久，罗荣桓同志参加了鄂南暴动，旋即跟随毛泽东同志上了井冈山，从此，他在毛泽东思想光辉旗帜的指引下，为人民、为革命艰苦奋战，建立了不可磨灭的功绩。珞珈山一别，直到 1949 年 1 月，我们在河北省平山县西柏坡才见面。

1963 年 12 月 16 日晚，我躺在床上听广播，忽然听到罗荣桓同志不幸逝世的噩耗，悲从中来，痛哭失声。第二天晚上，和月琴同志家通电话时，落了泪。想到荣桓同志对我的亲切教诲和帮助，想到在京、青、穗、汉的日子里，兄弟般的深厚情谊，也想到新中国成立以后难忘的几次接触，更增加了我对他的崇敬和怀念。

（张沈川）

"我要随时随地准备跟恶势力搏斗"

一

我 1966 年就退休了。全家随即迁到青岛，居处距离中山公园不远，每年五一节前樱花盛开的时候，老伴必定叫我陪着她、领着孙子孙女到公园欣赏樱花。中途，必定要经过海洋学院那两座德国式的大楼。我国接收青岛时，在国际上声言，要化干戈为玉帛，就用这个兵营的全部楼房建立了私立青岛大学，先设工科和商科两班。1924 年 7 月间在北京招生，罗荣桓与我还有其他 30 多位同学都是在工科榜上录取的。我们前后同学了两年，在学校暂时停办，筹改国立青岛大学时，我们就分手各奔前程了。我每次看到这些楼房时，就要想到 50 多年前我在私立青岛大学读书时和老师们、同学们朝夕相处的许多往事，尤其是罗荣桓老同学的音容笑貌，立刻会像电影的回忆镜头一样，涌现到眼前……

罗荣桓不像一个文弱书生那样多愁多病，也不像一个体育健将那样好打好闹，经常是微笑迎人，每每要经过思索后，才把话说出来，语言简短有力，从不疾言厉色，湖南口音并不浓重。我以为他有一种幽默感，笑眯眯地既深沉又憨厚。他的体格是厚实的、健壮的。

有一个学期，他与我同住在一大间 6 人的寝室里，我俩的床只隔着一个

小床柜，我们每天上课、吃饭、晚自习都在一起。那年我方 20 岁，他比我大两岁，已经结过婚了。我有时唤他老兄。他不像我好说笑话，也不像我东拉西扯，他表现得有主见，老成持重。我每每长时间地端详着他，幻想他将来可能是一位学校的校长，或是一个忠厚老实的店老板。可是有一次我发现他那多肉的脑后有一个突出的骨块，就惊讶地对他说："三国演义上，诸葛亮说魏延脑后有反骨，久后必反。你的脑后也有反骨，久后是不是也要造反呢？"他听着笑了起来，可并没有说什么。以后，我有时候唤他"大将"，他只是笑着说我"顽皮"。

<h2 style="text-align:center">二</h2>

罗荣桓学习非常刻苦。他在课堂上，专心听课，严守纪律。总是笔直地坐在后排，闪动着厚厚的近视眼镜。

我们的英文课，第一位讲师是一位美国老太太，高高的、胖胖的，满头银发，名叫爱杰顿。她每次上课，对同学们老是 boys 长 boys 短地招呼着，引起了一些同学的不满。有一次，她上课提问，又呼唤着"boys"。问这个，这个答说不知道；问那个，那个也答说不知道。问了十几个人，都答不知道。结果把老太太给气哭了。罗荣桓曾对我说，他不同意这样做。

还有一次上化学课，值日的孙同学在黑板上画了一个包子，上写"菜包"二字。打铃上课了，罗荣桓坐在后面喊："赶快擦下去。"可是来不及了，蔡教授进来了，行过礼，点完名，蔡教授转身看着黑板上画着菜包，马上脸就红了，顺手擦净黑板，对全班说："以后不要这样。"蔡教授是在美国留学的，兼任山东发网出口公司的总技师，教化学十分注重实验，引导我们在实验中自己得出结论，成绩很好。可是偏偏闹了一出这样不愉快的事，罗荣桓为此事很严肃地批评了孙同学。

我们工科的课本都是向美国直接函购的。如数学、物理、化学、地质学、测量绘图、文学等都是英文原版的。教师讲课，也都是用英语直接讲授。有些英语基础差的同学，难免感到有些吃力。

荣桓的英语基础不错，我却经常在早饭前或是晚餐后看到他拿着厚厚的英文书到校后定安山的密林里去读。

我也喜欢在那个空寂无人的密林里的一个小石台上练习英语讲演。一个清晨，我因为很欣赏美国总统林肯讲演的辞调和姿态，就独自一人站在小石台上像疯子一样比画着高声讲道：America is of the people，by the people and for the people.（美国是民有，民主和民享）。不料罗荣桓走过来了，他笑着大声问："工程师还用得着讲演吗？"

"学学语调和姿势。"我有些尴尬地笑着说，"大将！你不是也在努力学英语吗？"

"既然学了英语就一定要把它学好。"他说得很郑重。

"老兄！你说，现在学英语，将来如果用不上，岂不是浪费精力！所学非所用的人多着哪！"我说着未免慨叹。

"我以为学英语，第一要认真学好，第二要在各方面应用。我们工科加学德语，商科加学日语，我们与商科同学再互相交换着学习日语、德语，再加上英语，不是每人都会三国文字了吗？"他说得兴致勃勃。

"老兄，这个德语把动词放在句子前面，搅乱了把动词放在句子中间的英语。我说德语错把动词放在中间，被老师笑话一番，说'那是英文的德语！'如果我再学日语，就更要搅乱了。"我有些知难而退。

他笑眯眯地说："努一把力，就上去了。"

我们的每次晚自习，罗荣桓老是在灯下全神贯注地复习功课。自习室里虽然平常很少有人说笑，可是罗荣桓向来不多说话，他那种刻苦学习的精神，令人惊奇。有几次打熄灯铃后许久，他还没有回来就寝，我上厕所时，却看到他在楼梯口的灯光下，立着专心读书。又过了许久，他才悄悄回到寝室。

放暑假前，工科举行期考，罗荣桓要先回家，打算过了暑假再行补考。我对他说："你是结过婚的人，回家哪有时间温习功课？不如先考完了再回家。"他憨厚地笑着说："不要紧。"暑假后，他从湖南长沙回来补考。结果是各门功课的分数都在 95 分以上。他刻苦学习的精神实在令人钦佩。

三

罗荣桓尽管学习非常努力，可并非两耳不闻窗外事，一心只读数理化。

他对于时事非常关心，对于外受列强欺凌、内有军阀混战，灾难深重的祖国十分担忧。这从以下几件小事可以看出。

1925 年春天的一个星期日，正是樱花盛开的时节。罗荣桓与我还有其他三位同学来到公园里的樱花路上，一边游览，一边看看日本人怎样过樱花节。只见那些浅绯惨白的繁密樱花，远望如云，近临似雪。不敌碧桃娇艳，更没有玉兰芬芳。它是日本的国花，可是日本那时欺侮我国达于极点，我们看着樱花，怎会忘掉国家的苦难！我们当时不仅感觉不到樱花美，反而感到它有一股盛气凌人的骄态。

当时，全青岛的人口据说仅有三四万人。可是住在青岛的日本人，至少也超过了 1 万。所以在樱花路上的穿着盛装的日本男女络绎不绝。在人丛里，我们看着有的日本男子手持小瓷酒瓶，醉得歪歪斜斜地由两个年轻的身着和服的妇女搀扶着缓缓向前走。

我们对于樱花不仅没有好感，而且还有仇恨之意，更看不惯日本人酒醉后的那种姿态。

罗荣桓愤怒了，他以从来少有的气恼声说："我们不看这个樱花！回学校吧。"于是我们都愤然离开了公园。

过了不久，日本海军一艘主力旗舰访问青岛来了。日方欢迎我们"青大"师生到舰上参观。参观那天，我们学校把工商两科的同学组成两支长队，每队约 40 人。因为朝鲜同学李琼焕、朴元圭深通日语，就由他们分别任领队人、当翻译。老师们也跟在后面。

我们列队登上日本军舰，有日本军官招待领着参观舰上的许多新式大炮。他们用日语介绍，朝鲜同学翻译成中文，讲给我们听。参观是在严肃的气氛中进行的。大家都是平心静气地看着，仔仔细细地听着。同学们前不久刚刚参观过号称中国最大的军舰的"海圻"号，都想对比一下双方装备之优劣。参观时，没有一个交头接耳的，也没有一个提出问题的。不过，很快大家的面容上便流露出丧气和悲愤的神情。

参观完毕，大家回到学校宿舍，立刻就议论纷纷了：

"我们的军港，叫他们来示威。"一个同学愤愤地说。

"他们这是要用海军压我们！"另一位同学又接了一句。

"我们中国的海圻军舰，还是最大的呢，都老掉牙了，相比之下……

唉！"有的同学喟然长叹。

"军阀就知道改换军舰的名字。张宗昌号效坤，就把肇和舰改为效和舰，毕庶澄把同安舰改为澄安舰！可是他们懂得建造新军舰、扩充海军吗？"有的同学说得很气愤。

"我以为现在中国的海军腐化到了极点！前途简直不堪设想。"我无限感慨地说。

"中国是需要强大海军的，可惜，现在还不行。"罗荣桓意味深长地说。

"什么时候才能实现呢？简直看不出来。"我焦急地说。

"将来中国强盛了，一定会有强大的海军。"罗荣桓蛮有信心地说。

"你这不是开玩笑吧？"我颇不以为然。

"日本人能办到的事情，为什么我们中国人就办不到呢？"

他这一反问十分有力。不过，我们怎样才能办到呢？他没有讲，也许他当时还在探索吧。

我们工科有几位朝鲜同学。其中有一位叫李琼焕，经常利用下晚自习到打铃就寝的空隙时间，在楼头晒台上，弹奏他那心爱的乐器曼陀铃。弹得激昂慷慨，似万马奔腾，绝无亡国之音。熄灯后虽然琴声已停，可是余音袅袅，令人久久难以入睡。我不免又隔着小床橱与罗荣桓闲聊起来。

"老兄！为什么我们工、商两科不到 80 个同学中，朝鲜同学却有 6 人？"我提出了问题。

"是的，而且他们的学习成绩都很好！"罗荣桓回答。

我说："李荣植学得很刻苦，他对我说，每学期放假回朝鲜家中，还要对邻居父老做学习汇报呢。他们都有复国之心，立志学有成就，以击退日本，谋求祖国独立。"

罗荣桓点点头："从他们几个人的身上，就看得出将来的朝鲜是大有复国希望的。"

我知道他与朝鲜同学们感情很好，就对他说："洪锡恩还要我们将来与他互相支援呢！"

"互相支援？怎样支援？是个人支援，还是国家支援？你们怎样讲的？原则是对的，可是具体办法要说明白。"他在"床前明月光"的照耀下问得很认真。

"只是'互相支援'一句话，没有具体办法。"我回答得有些着忙。

"我们中国还受日本欺侮呢！个人支援，怎样入手？国家支援，是要动用国力的，包括人力、物力、财力，将来怎样实现呢？现在还看不出来。"他说到这里，叹了一口气，便不再说话了。听了他的话，我也无话可说了。在清幽的月光下，他想必已由朝鲜同学的国恨家仇想到祖国前途未来的命运，一定想得很多、很多……

四

1925年5月28日，日本资本家在青岛指使其走狗张宗昌枪杀罢工工人这笔血债未偿，在上海又发生了五卅惨案。上海各界罢工、罢课、罢市，掀起了打倒日本帝国主义的万丈怒潮，全国各地纷纷响应。我们私立青岛大学也行动起来。平时郁积在我们心头的对日本帝国主义的仇恨此刻达到临界点，像火山一样爆发出来。大家公推罗荣桓、张沈川、彭明晶等同学为学生会负责人。全校同学在学生会的领导下，组成了总务组、财务组、写作组、讲演组、卖报组、演剧组等，与其他罢课的所有中学、小学通力合作，运动声势十分浩大。

记得那时罗荣桓领导写作组刻蜡版，油印宣传文件，向外散发。他还带领讲演组分4队，每队6人，在码头上、市街上手持小旗，敲鼓唱歌，召集听众，然后按着宣传提纲轮流讲演。在成立讲演组时，罗荣桓选我任讲演员，他仍是憨笑着对我说："工程师！你练习讲演，现在用着了。"

我笑着说："大将！你就指挥罢。"演剧组是在一个大剧院里演侯曜编的剧本《可怜闺里月》。为了募捐，戏票每张两元，观众坐得满满的。报馆送来了几百份《胶澳日报》，在剧场里义卖，每份售价1元，一会儿就售光了。在街上学生卖报，也募得了一大笔款。这些捐款都由财务组寄到上海反帝大会去了。在演剧期间，罗荣桓把台上、台下全剧场的工作与同学们研究专人负责，布置得井井有条。他知道有些演员台词不熟，首次登台，难免紧张，很可能忘词。于是他又专门请两位同学在幕后提词，终于圆满地完成了任务。同学们也对他不辞辛劳的工作态度和深入细致的工作作风深深地表示钦佩。

五

青岛的反日爱国运动最后被张宗昌的屠刀所镇压，学校又恢复了五卅之前死气沉沉的局面。这时，罗荣桓更加深沉了，他经常久久地思索着。他与我在寝室里，越来越多地谈到当时国家军阀混战、政府腐败、民不聊生、国将不国的状况，也常常谈论我们应走什么样的人生道路。当我们谈到"不能流芳百世，亦当遗臭万年"这句老话时，两人都认为"流芳百世"是应该努力去做的，而"遗臭万年"的念头一星半点也不能有。

有一次，他盯住我笑问："你的人生观是怎样的呢？"

"我的人生观？"我思索了一下说，"尽力向好处做，为人类谋幸福。绝不做损人利己的事。"

"你要做些什么事呢？"他和蔼地笑问。

"我父亲是小职员，家庭生活并不富裕。父母节衣缩食叫我多读几年书，不希望我做官，一定要叫我成为一个铁路工程师，愿意经过我的手多修好几条铁路，我也愿意努力这样做，报答父母的恩情。当一名铁路工程师，是对国家有益的，生活上也不致发生问题，比做官强多了，我只有这一点志愿。"我兴奋地回答。

他又追问："当今时局动乱，你这一志愿如果落空了可怎么办？"

"如果落空了，我还有个补救的办法。"我满怀信心地说，"我还想成为一位文学家，以文学作品影响世人，以造福人类，作用比工程师大得多。如果已成为工程师，再兼当文学家，岂不更好！"

"如果两者都失败了呢？"他打破砂锅问到底。

"那就，那就做一个失败的英雄罢！"我有些泄气了。

"到那时候，就不是什么英雄不英雄的问题了！我们这些学生如果都报国无门，国家前途就不堪设想了。"他意味深长地说。

顿时，我也沉吟不语。

过了一会儿，我又反问他："你打算做些什么事呢？"

他想了一会儿："我原本以为实业可以救国。可是，随时随地都有恶势力阻碍着，让你的美妙计划成为泡影，如今的当务之急是同恶势力搏斗。"

说到这里他加重了语气，"我要随时随地准备跟恶势力搏斗。在中国，要是不打败恶势力，什么事也休想做成功！"

"太激烈了！太激烈了！"我感到他这种想法是要惹祸的，就急着说，"不好！不好！你如果这样做，是有性命危险的！我以为应该事出万全。我们是读书来的，不是闹事闯祸来的。万万不可这样做。"

可能是他感到同我谈还不是时候，他透过那厚厚的眼镜狠狠地看了我一眼，就不多说话了。

又过了一些时候，罗荣桓与我谈到了对于政党的看法，两人的意见又发生了分歧。

"我认为不参加政党好。"我表示了态度。

"为什么？"他亲切地笑着问。

"古今中外，哪一个政党不是争权夺利，假公济私！历史上的经验，个人的见闻，能证明哪一个政党能够真正造福人类呢！不参加政党，还可以安安静静地当个铁路工程师，参加了政党，很自然地麻烦就多了。"我针对当时在北洋军阀卵翼下一些政治组织的"政党"，自以为是地说出了自己以偏概全的成见。

"你对于每个政党，都仔细了解、研究过了吗？"他笑着追问。

"没有，也没有必要。因为这是不言而喻的。"我似乎是理直气壮地回答。

"一个人的力量是有限的，众人联合起来，力量就大了。如果把政党不好的一面改正过来，在对付恶势力时是必要的，你说呢？"他笑吟吟地用商量的口吻说。

"我就不相信一个政党会改正它那不好的一面。"我的看法很顽固，"总之，无论如何我是不参加政党的。我宁肯当中立派。比如，我来这里上学，我就是上学。我不参与党争，清心寡欲，好自为之。"

"如果国势大乱，妨碍了你这个工程师，可怎么办？"他笑嘻嘻地问。

"我崇拜大诗人陶渊明，迫不得已，我就归去来兮！"我越发固执了。

他摇了摇头，笑眯眯地说："我看你是想错了！你这样做至多只能独善其身，又怎能造福人类。不忙，你再好好仔细研究一下，不要就这样定下来。"他十分关切地对我说，可惜的是，我并没有听从他的劝告。

1926 年夏天，青大工科预科结业，罗荣桓南下，而我也北上返回天津老家，从此天各一方。我回天津后，不料父亲失业，于是我考铁道学院的梦想顿时化为泡影，从此作为一个小职员糊口四方。到抗日战争后期，我看报得悉罗荣桓正在山东大搞游击战，十分活跃。起初我还以为未必真的是他，或者是另外一人，后来才知果然是他，我深以有这样的老同学，这样钢铁般的共产党员而感到自豪！

（陈　举）

革命的伴侣

——罗荣桓和林月琴

一

1937 年 1 月，中共中央和红军总部迁至延安，从此住在这里达 10 年之久，直至 1947 年 3 月 18 日才离开。

此前，中共中央和红军总部除了在 1931 年至 1934 年住在江西瑞金，环境相对稳定之外，一直处于迁徙、流动之中。至于带兵的将领更是戎马倥偬，很难有较长休整时间。而部队中女同志非常稀少，因此，他们很少有机会谈恋爱，男大而不能婚。到延安后，情况不同了。一些已到"而立"之年的干部纷纷把婚恋提上了议事日程。当时在延安的中国人民抗日军政大学和中共中央党校都有一些未婚的女同志，她们很自然地成为未婚的男同志们追求的目标。一些同志陆续办了自己的"终身大事"。

春节期间，许建国（原三军团保卫局长）和在党校学习的原在四方面军工作的刘桂兰结了婚。他们婚后很自然地想到那些未婚的战友，要为他们作伐，让他们中的有情人也成眷属。许建国首先想到的是当时已经 35 岁的罗荣桓。长征开始时，组建红八军团，罗荣桓是政治部主任，许建国是

保卫局长。彼此共事达两个月之久。长征结束后，两人又是红军大学一科的同学。刘桂兰首先考虑到的是自己的同学，在长征中当过妇女工兵营长的林月琴。许、刘商量后感到罗荣桓和林月琴十分般配，决定首先向罗荣桓提出。罗荣桓还感到有点不好意思，组织部的冯文彬便自告奋勇陪罗一块去。大家考虑到女同志脸皮薄，决定先不向林挑明。于是，在4月的一个星期天，刘桂兰邀请林月琴到她家做客。

林月琴去时，只见满屋子客人，其中最活跃的是冯文彬。他主动同林月琴搭话，询问林月琴的家庭情况、个人经历、脾气爱好等，林月琴以为他是组织部的，正在通过这种不拘形式的交谈了解干部情况，便很大方地一一作了回答。她也注意到了席间有一位戴眼镜的30多岁的同志，一句话也不说，只是笑眯眯地倾听着他们的谈话。

以后，林月琴每次应刘桂兰邀请到她家，发现客人尽管常变换，而那位戴眼镜的同志却总在座。林月琴也知道了，他就是后方政治部主任。

延河解冻了，风吹到脸上不感到扎人了。柳丝绿，杏花开。春天悄悄来到延安。刘桂兰感到向林挑明的时机业已成熟。而此时，林月琴已经有了预感。当她得知罗荣桓虽是一个大学生，却跟随毛泽东参加了秋收起义，并经过井冈山斗争的严酷考验，已经脱尽小资产阶级习气的时候；当她看到罗荣桓虽然十分憨厚，沉默寡言，却深受同志们爱戴的时候，她的心中便有了一种异样的感觉。

当时，党校设在小卜沟的一所教堂里，和后方政治部隔着延河。春天延河涨水，徒涉已比较困难。有些同志开玩笑，把延河说成是银河，把罗荣桓和林月琴说成是牛郎织女。

牛郎织女相会需要鹊桥，可延河这一段什么桥也没有，过河只能靠牲口。于是，罗荣桓便经常在晚饭后去练骑马。警卫员、马夫要跟着，罗荣桓每次都笑嘻嘻地把他们支回去。同志们晚饭后问警卫员："罗主任呢？"警卫员的回答是："练骑马去了。"不少同志纳闷：罗主任是从井冈山下来的，难道还不会骑马？对这个问题知道得最清楚的自然是林月琴。她只要看到那匹大白马过了河，便悄悄走出学校。于是，党校外的小树林里、宝塔山下、延河岸边，到处都留下了他们的足迹。

经过交谈，罗荣桓了解到林月琴是安徽金寨县南溪街人，家庭成分是小商人，1929 年入团，1930 年参军。1932 年，张国焘推行"左"倾的土地政策，她因家庭成分被错划为地主，受株连被送到劳改队。当四方面军向河南、陕西转移时，林月琴和其他几位女同志被遣散。可她们仍然自动紧紧跟随着红军队伍。有的指挥员称她们为"跑反队"，嫌她们跟在队伍后面累赘，叫她们回去。可是用棍子赶也赶不走。四方面军转移到川陕根据地，从鄂豫皖出来的同志又都成了骨干，林月琴担任了妇女工兵营长。一、四方面军会合后，她调到粮食局，经何长工批准恢复了团的组织生活，到达陕北后，转为正式党员。

罗荣桓又通过他的老战友何长工了解到，在四方面军转战川陕、三过草地时，林月琴带领着一批童养媳和地主的丫鬟出身的女战士抬担架、运送粮食弹药、缝制军衣……什么活都干，养成了忠实积极、吃苦耐劳、艰苦朴素、严守纪律的作风。能有这样的女同志作为终身伴侣，罗荣桓感到十分欣慰。

经过交谈，林月琴了解到罗荣桓曾在青岛大学和武昌中山大学读书，原想在大革命胜利后当一个土木工程师，来建设国家。但是，蒋介石发动的"四一二"反革命大屠杀却把他这一愿望打得粉碎，使他义无反顾地走上了革命的道路。他 5 月间加入了共产党，汪精卫"七一五"反革命叛变后，受中共湖北省委派遣，到通城搞农民暴动，带领农民自卫军参加了毛泽东领导的湘赣边界秋收起义，在三湾改编时，他是起义部队中七个连党代表之一。经过井冈山斗争、转战赣南闽西，到1930 年 8 月他已是红军的主力——红四军的政委。1932 年 1 月，他任一军团政治部主任。第四次反"围剿"结束后，他被调离部队，到总政治部当巡视员和动员部长。长征开始时又被调到一支新成立的部队八军团当政治部主任，随后又到总政当巡视员，直到长征快结束时，才又回到一军团。他无论是在顺境还是在逆境，一贯对党忠诚，善于同群众打成一片，作风质朴无华，在群众中有很高的威信。

5 月间，延安周围的崖畔上，山丹丹开花了，在朝阳的映照下，红得像是从天而降的一片片彩云。在这大好的春光里，经组织同意，罗荣桓准备办喜事了。林月琴利用一个星期天把罗荣桓的狗皮褥子拿出来翻晒，又将他那床毯子用碱水好好地洗了一洗。这就是他们两人仅有的铺盖。两张铺

板一拼，这就是床，再加上老乡家的一张黑色的桌子、一把老式的木椅和一个脸盆，新房里也就别无他物了。

1937 年 5 月 16 日，党的全国代表会议胜利闭幕了。这一天又正好是星期天，于是被订为大喜的日子。战友们早早都起来帮着张罗。远在西安的老战友宋裕和给捎来了半袋洋面。罗荣桓请伙房给擀面条。炊事员们在院子里安了锅灶，支起了案板。有的在烧水，有的在揉面，忙个不停。这时，警卫员向罗荣桓报告，有一位客人到了。罗荣桓出来一看，原来是红二十九军政委甘渭汉。长征开始时，他是八军团的组织部长，和罗荣桓朝夕相处达两个月之久，八军团编散后，两人就不在一起。这次甘从定边赶到延安参加党的全国代表会议，会后便来看望老首长。两人兴奋地握手问候。甘渭汉看到炊事员们正在院内忙碌着，禁不住奇怪地问道：

"今天又不是过节，和这么多面干什么？"

罗荣桓高兴地说："下面条，欢迎你！"

甘渭汉诧异地问道："你怎么知道我今天要来呀？"

罗荣桓笑眯眯地说："我有情报嘛！"

甘渭汉怀疑地摇摇头，他进屋一看，房子打扫得干干净净，两块铺板摆成很宽的床铺，上面铺的毯子刚刚拆洗过。甘渭汉按照老习惯吩咐警卫员去把自己的马褡子搬到屋里来。

警卫员扛着马褡子，刚到门口。罗荣桓指着隔壁一间房子对他说："放到那边去，打扫一下，搭个门板。"

"怎么？"甘渭汉心想，罗主任可有点变了，他有点纳闷地问道："不让我跟你住在一起啊？"

罗荣桓笑着说："隔壁不是蛮好嘛！"

"好久不见了，有些工作上的问题，正要向你汇报，住在一起好谈啊！"

"有话明天再说。马上就要开饭了，面条管饱。"

"咦？"甘渭汉还摸不着头脑，谭政、张爱萍、冯文彬、许建国等推门进来，听了他们的对话，大家哈哈大笑。甘渭汉这才恍然大悟，指着罗荣桓说："哦，是这么回事啊！"

罗荣桓佯装生气地对他说："小孩了，不要多嘴！"

当晚，政治部的所有同志，从部长、干事到警卫员、马夫和全体来宾都吃了罗主任的喜面。面条里尽管油很少，只放了点白菜、萝卜，但大家仍然感到香喷喷的。

罗荣桓和林月琴的婚事操办得再简单不过了。那时是不兴送礼的，而在只有少数人能够解决婚姻问题的情况下，罗荣桓也没有把婚礼通知给更多的人。

婚礼尽管简单，气氛却非常热烈。新房里传出了阵阵笑声。同志们纷纷祝贺新郎和新娘并肩携手，迎接伟大的抗日战争的来临，为民族解放，为中国革命的胜利贡献自己的青春。

二

罗荣桓和林月琴刚刚度过蜜月，七七事变就爆发了。7月10日，中央军委调罗荣桓任一军团政治部主任。林月琴则留在延安，转入抗日军政大学学习。这是他们婚后第一次较长时间的别离。

1938年3月，林月琴生了第一个男孩子，并按罗荣桓走前的吩咐，给他取名"北屯"。此时组织上决定分配她去西安工作，她毫不犹豫地将婴儿交给一户农民抚育，然后到八路军驻西安办事处机要室任秘书。这一期间，她只能看报纸，从部队行动的消息中猜测罗荣桓的所在。有时她也能从前线回来的干部那里听到丈夫一点弥足珍贵的消息。她得知去年8月，罗荣桓已出任由红一军团、十五军团和第七十四师合编的八路军第一一五师政治部主任，并于8月22日率部队由陕西三原县出发，到达晋东北抗日前线，在那里开辟抗日根据地。1937年年底，他又率领政治部转战到晋西南。三月间，他和代师长陈光率部队在午城、井沟一带连打胜仗，歼灭日军1000余人。林月琴既为前方打胜仗而欢欣鼓舞，同时也非常牵挂着丈夫。至于罗荣桓，他听到林月琴的消息更要少得多。在前方，战事紧张，他也顾不得想这些了。

4月，由于挺进山西的八路军部队已经展开，转入分散开辟抗日根据地，局面相对比较稳定。中央军委决定将林月琴和刘伯承夫人汪荣华调到前方，以便就近照顾罗荣桓、刘伯承的生活。林月琴来到设在晋西南孝义县的由一军团和陕北红军合编而成的一一五师师部，拿出中组部开的介绍

信要求给她分配工作。罗荣桓对她说："原来有规定，家属留在后方。现在调你到前方是组织的照顾。你来后还是到地方工作为好。"于是，在征得晋西南区党委书记林枫同意后，林月琴被调到区党委党员训练班任低级班主任。

1938年10月，罗荣桓回延安参加中共扩大的六中全会。会议期间，他抽空去看了看寄养在老乡家里的孩子。那家老乡对孩子已有感情，想把孩子要过去。罗荣桓未予同意。罗荣桓离开延安后不久，便听说这户老乡搬走了，又过了一段时间，又听说这个孩子因营养不良，已经夭折了。罗荣桓和林月琴一开始不相信，以为可能是那户老乡的托词。后经组织调查，证实那孩子确已死了。罗荣桓只匆匆见过他一面。

1938年，中共中央决定派一一五师挺进山东。继三四三旅政委萧华率部到冀鲁边、六八五团挺进微山湖西面之后，12月20日，罗荣桓、陈光率一一五师师部和六八六团也开始东进，并于1939年元旦到达驻扎在晋东南的八路军总部。2月中旬，部队继续东进。林月琴此时已经临产，并于2月14日生了一个男孩。即将出发的罗荣桓看到母子都平安，放下了心。林月琴让即将到前方去的丈夫给孩子起个名字，罗荣桓略一考虑，便说："部队正在东进，就叫他东进吧！"说完便告别了正在坐月子的妻子，匆匆赶队伍去了。这是他们婚后第二次较长时间的别离。

罗荣桓赶上队伍后，一直东进。东面，是敌人的后方。东进，就是到敌人后方去。孩子的名字十分切合当时部队的实际。后来，第一一五师好几支部队都曾使用这个名字作为部队的代号。

三

1939年3月6日，一一五师政委罗荣桓和代师长陈光率一一五师部和六八六团进入山东，樊坝一仗，消灭伪军一个独立团，随后依山（泰山）伴湖（东平湖）建设根据地，很快在鲁西打开了抗日的新局面。

1939年6月，林月琴随留守处来到了泰西。罗荣桓同妻子重逢，高兴地抱起孩子，关切地问林月琴："你们一路辛苦了吧？"当时，林产后还不足4个月，一路上过封锁线，跋山涉水，很是劳累。可林月琴没有说这些，她告诉罗荣桓，孩子是挑夫挑来的，担子的一头是行李，另一头便是东进。在路上，有时几位女同志轮流地抱着孩子。队伍里的战士们看到空担子，都要关切地打问孩子的下落，后来，供给部又专门拨来一头牲口给她们母子。罗荣桓听后很不安，他郑重地对带队的保卫部长朱涤新说："这样做不合适，给同志们的影响不好啊。"

有一天，发现敌情，罗荣桓正在布置大家转移，只听"哇"的一声，小东进哭起来了。大家不约而同地将视线移到炕上。林月琴眼眶里噙着泪水，一时也不知怎么办好。罗荣桓走到炕前，爱抚地摸一摸小东进的脸蛋，毅然说道："我看，干脆把他交给群众养活吧！"林月琴知道，这是当时唯一的办法。总不能带着一个婴儿反"扫荡"吧？但是，北屯就是因为寄养在老乡家里，营养不良再加上缺医少药而夭折了。现在又要把东进送走……但是，不送又有什么办法呢？她毅然抱起孩子，在细雨蒙蒙、伸手不见五指的黑夜里，由师部事务股长樊文烈陪着，骑上马，到十多里外的一个小山村里，把东进寄放在一个老百姓家中。

罗荣桓和林月琴团聚时间不长，又面临第三次分别。她带着东进随师部继续东进，过津浦路到达费县，8 月间继续南下，于 9 月 1 日到达鲁南抱犊崮山区的大炉。与此同时，罗荣桓仍然留在鲁西，带了只有 4 个连的小部队在津浦路西坚持游击战。8 月 2 日，他和陈光指挥 4 个连在梁山地区伏击日军，创造了在兵力比日军相对较劣的条件下歼敌 300 余人的战例。10 月，（微山）湖西发生错误的"肃托"事件，许多干部被杀。罗荣桓亲自前往处理，将被抓起来的干部、战士全部释放，制止了这一事件，随后来到大炉，与师部会合。此时已是 1939 年年底了。

1940 年春，林月琴又生一女。因为这正是六八五团赴陇海路南下华中的时候，罗荣桓便给孩子取名"南下"。此时，林月琴任政治部组织部干部科副科长，她分娩后不足 1 个月便又上班了。她到任后逐个同司令部、政治部、供给部和卫生部的干部谈话，了解他们的情况。当时，有些刚刚参加的干部受封建思想影响，一开始不愿意同她谈话，甚至躲开。林月琴便主动地、耐心地找他们，像拉家常一样问他们是哪里人，家里还有哪些人，何时参军，入伍后感到自己有些什么进步，等等，使干部们感到十分亲切，便逐步由不愿意谈到主动反映情况。大家都把她看成大姐，对她十分尊重。

　　一一五师进驻鲁南之后，罗荣桓接待的人来自四面八方。既有中共山东分局和当地党组织的干部，也有山东纵队等兄弟部队的战友；既有在东北军中工作的秘密党员，也有东北军内的上层军官，还有地方实力派和当地开明士绅。在形势相对稳定的时候，他们经常来拜访罗荣桓。当时物质条件很差，林月琴则竭尽全力招待客人，给他们炒花生，送热茶，留他们吃便饭，使客人感到十分温暖。林月琴成为罗荣桓联系群众和团结各方面人士的得力助手。

　　1942 年年底，由于长期劳累，罗荣桓肾脏发生病变，尿血不止，身体日益消瘦。由于在敌后没有起码的检查手段，无法确诊是什么病。1943 年年初，罗荣桓向中央提出了休息半年的要求。但此时中央正在贯彻《关于统一抗日根据地党的领导及调整各组织间关系的决定》，实现各根据地的一元化领导，已决定由罗荣桓出任山东军区司令员兼政委和一一五师政委兼代师长（后任山东分局书记），中共中央未同意罗荣桓要休息的请求。罗荣桓便带病将山东抗日根据地一元化领导的重担挑了起来。林月琴此时的重要任务则是同医护人员密切配合，在艰苦的敌后环境下，尽可能安排好罗荣桓的饮食起居，服药护理，尽力使疾病稳定下来，以保证他能继续担负繁重的工作。这一期间，由于频繁的反"扫荡"，师部转移时，罗荣桓经常在担架上指挥。林月琴总是不离担架左右。每天，林月琴都要用玻璃瓶为罗荣桓取尿样，让医生从血尿颜色来判断病情的轻重。罗荣桓是湖南人，嗜食辣椒，林月琴总是按照医生的意见进行劝阻，同时想方设法为他做一点易于消化的、有营养的饭菜。1943 年春，林月琴陪同罗荣桓到位于淮南区盱眙县东南黄花塘的新四军军部，请奥地利籍泌尿科专家罗生特治病。从一一五师驻地到新四军军部约有 500 余公里，除过洪泽湖用船外，都是步行。罗荣桓由于病重，被用担架抬着走。当时正值阴雨连绵的春季，担架有时在水田田埂上通过，路滑难行。林月琴守护在担架旁，前面的担架员失脚她便扶前面，后面的担架员脚步不稳她便扶后面，保证不使罗荣桓有丝毫闪失。她忙前忙后，有时甚至比抬担架的还累。由于缺乏必要的医疗设备，罗生特未能作出确切的诊断，但判断病灶可能在右肾，也不排除前列腺有病变。如是后者，结扎输精管可能会有好处。当时罗荣桓夫妇均不想要孩子，罗生特便给罗荣桓做了结扎手术。

由于山东斗争形势紧张，他婉言谢绝新四军陈毅代军长留他在新四军休养的邀请，于6月返回山东。

这时，国民党顽固派第二十八集团军总司令李仙洲奉蒋介石之命正率部开进山东去接替东北军于学忠部队的防地——沂鲁山区和诸（城）日（照）莒（县）山区，企图挤占抗日根据地，遏制八路军的发展。本来，驻守在沂鲁山区和诸日莒山区的东北军和八路军虽然有时也有一些矛盾，但一直维持着统一战线关系。当李仙洲部入鲁时，八路军曾建议同他们团结抗日，但李仙洲部不仅置若罔闻，而且还勾结伪军，进攻抗日根据地。李部一旦占领了原东北军的防地，八路军即将处于受到日伪和国民党顽固派两面夹击的险恶境地。如果能阻止李仙洲部入鲁，同时占据于学忠部空出的防地，就将占领山东的制高点，将会大大加强八路军的力量。

正是这种严峻、复杂而又含有机遇的形势迫使罗荣桓放弃养病返回山东。

由于连罗生特这个洋大夫都无法确诊，罗荣桓对自己的病已经做了最坏的准备。他只希望能让他再活几年，打败日本侵略者，把山东问题彻底解决。在返回山东的路上，罗荣桓对守护在担架旁的林月琴说："我要订一个五年计划，争取再活5年，打败日寇，死也瞑目了。"林月琴抑制着自己的焦虑心情，安慰他说："你的计划一定能够实现，将来革命胜利了，就有条件把病治好了。""是吗？"罗荣桓微微一笑，没有再说什么。

罗荣桓一到山东便一面指挥南线部队本着自卫的原则阻止李仙洲部入鲁，一面搞好同于学忠部的统战工作，利用于学忠和蒋介石、李仙洲的矛盾，劝说于不等李来接防便撤出阵地。随后即在同于部周围的各路日伪军的斗争中牢牢占据这些阵地。这些斗争既尖锐又复杂，既有政治斗争又有军事斗争，既有打又有拉，罗荣桓在领导这一斗争中殚精竭虑，终于在胜利结束这一斗争的同时，又病倒了。陈毅得悉后，派罗生特到山东来给罗荣桓治病。由于缺乏必要的设备，罗生特仍无法确诊。他建议秘密赴上海去治。中央同意后，林月琴护送他先到苏北盐阜区新四军三师师部。因罗荣桓腹部有枪伤伤痕，毛泽东估计到此行颇冒险，来电报建议不要去上海。林月琴又护送罗荣桓返回山东。

林月琴在照料罗荣桓的生活中，做了大量的看来十分平凡实际上十分

费力的"琐事"。这些"琐事"保证了罗荣桓的病情不致过快恶化，保证了他在病中能有必要的精力从事巩固和发展山东抗日根据地的繁忙工作。

在从事这些"琐事"的过程中，林月琴不仅要"任劳"，而且要"任怨"。抗战胜利后，罗荣桓率领山东八路军向敌占区展开了大规模的反攻。到 8 月 20 日，山东津浦路东绝大部分县城已为八路军所收复，唯有临沂经 8 月 20 日和 22 日两次攻击，虽付出很大伤亡，仍未打开。临沂是滨海、鲁南和鲁中三块根据地的交点，此处不打下，三个根据地向敌人交通线、青岛等大城市进攻都有后顾之忧。罗荣桓十分焦急。8 月 22 日他听到临沂前线失利的消息后，便喊警卫员备马，要亲自到临沂前线去指挥。此时罗荣桓连走路都困难，更不能骑马。但是，林月琴看到他如此焦急，知道阻拦不住，一时无法可想，便悄悄让马夫将马牵走。警卫员去找马时，见到这一情景，便回来对罗荣桓说："报告首长，找不到马夫。"

"找不到马夫？那你把牲口牵来。"罗荣桓有点生气了。

警卫员硬着头皮吞吞吐吐地说："牲口也不知道哪里去了。"

罗荣桓动怒了："乱弹琴！你们这是搞什么名堂，快去把牲口找来。"

警卫员迟迟疑疑，就是不动身。罗荣桓正要向警卫员发火，林月琴忙走进来说："这不干警卫员的事，是我叫马夫把马牵走的。"

罗荣桓听后，压了压火，等警卫员走出去后，便严厉地责问林月琴："你为什么这样自作主张？"

林月琴平静地回答："罗生特大夫说你近来病情很重，要绝对卧床休息。"

罗荣桓着急地说："休息，休息，临沂打不开，叫我怎么能安心休息？"

林月琴也急了起来："你的病这么重，还要骑马上前线，你不要命了！"

罗荣桓尽量耐心地说："临沂打不开，就要增加鲁中、鲁南、滨海反攻的后顾之忧，这可不是小事！"说着说着他又冲动起来："这么重要的时候，你不让我上前线去，你是不是共产党员？"

"我不是共产党员，难道是国民党？"林月琴自从结婚后，从来没见过丈夫发过脾气，更没有听过他这样重的话，又委屈，又难过，忍不住顶了一句，眼里闪动着泪花，说着便往外走。

正在院里玩耍的东进和南下，头一回听爸爸妈妈吵架，趴在窗户上偷看。他们见妈妈走出来，脸上还有泪痕，都吓哭了。林月琴也顾不上他们了，径直走向副政委黎玉的住处，把罗荣桓想骑马上临沂前线的事对黎玉说了。经黎玉劝说，罗荣桓才打消了骑马去前线的念头。

四

1945 年 10 月，罗荣桓率山东 6 万部队（另有基干团人员 3 万）开赴东北。林月琴护送罗荣桓从山东龙口上船，在辽东半岛貔子窝登陆，然后乘火车、汽车到沈阳，与先期到达东北的彭真、林彪会合。罗荣桓在紧张工作之余，到设在沈阳的原日军医院检查。医院诊断是肾癌，需动手术切除已有病变的右肾。中央得悉后，考虑到我们对日军医院的政治情况全不了解，为保证绝对安全，建议他到设在平壤的苏军总医院作进一步检查。我军撤出沈阳后，罗荣桓随总部转移到本溪。随后林月琴护送他到平壤苏军医院检查。由于这是一个以治疗外伤为主的医院，不具备做肾切除手术的条件，院方建议罗荣桓到莫斯科做手术。于是，林月琴又护送罗荣桓回国，转移到大连，一面休养，一面等待出国签证。1946 年年初，东北战况日趋激烈。3 月中旬，国民党进入沈阳后又沿中长路向东、南、北三个方向展开扇形攻势，攻城略地。4 月 18 日，四平保卫战打响，但此时党内尚未就当时的对策取得一致意见。罗荣桓心系战局，停止休养，由林月琴陪同绕道安东、梅河口返回设在长春的总部，随后又后撤到哈尔滨。6、7 月间，罗荣桓参与了东北局总结前一段斗争的经验教训、制定今后坚持东北斗争方针的全部过程。7 月 7 日，东北局通过了由陈云起草的《东北的形势和任务》（简称七·七决议）。罗荣桓欣慰地说："现在有了决议，思想统一了，好办了。在东北有这么多中央委员和候补中委，他们的斗争经验都很丰富，东北的工作一定会取得很大成绩。我可以放心去治病了。"8 月间，林月琴陪同罗荣桓乘火车到莫斯科。在克里姆林宫医院，罗荣桓做了右肾切除手术。随后林月琴协助医护人员对罗荣桓进行护理。罗荣桓术后因刀口缝合不好大出血而再次做了刀口缝合术。手术尚未做完，麻药劲已过。罗荣桓额头冒着汗珠，忍着疼痛一声不吭。术后，医生不禁跷起大拇指，称赞罗荣桓是"真正的英雄"。以后刀口长时未愈合，需每天换药，但由于林月琴

的精心照料，他还是较快地恢复了健康。

在莫斯科，许多在苏联读书的烈士子女和干部子女经常来看望罗荣桓夫妇。他们当中有张太雷的儿子张大保，蔡和森的儿子蔡博和女儿蔡转转，毛泽东的次子毛岸青，刘少奇的儿子刘允彬和女儿刘爱琴，朱德的女儿朱敏，李富春的女儿李特特，林伯渠的女儿林莉莉姐妹等。罗荣桓夫妇经常向他们介绍国内情况，鼓励他们努力学习，将来回国为新中国的建设贡献力量。当时，刚刚经历过第二次世界大战，苏联一般群众生活还相当困难，配给这些孩子的食物常常不够吃。罗荣桓因享受苏共中央委员的待遇，又是病人，每天供应有白面包、鸡蛋、方糖、牛奶、黄油。于是，他把这些东西节省下来，吩咐林月琴保管好，留给孩子们"打牙祭"。不久，林月琴便很熟悉这些孩子了。她知道毛岸青爱读书，但不大会料理自己的生活，常把饭票搞丢了。一丢饭票，他就来到纽克斯国际旅馆罗荣桓住处，来后也不说话，只是坐在那里看书。林月琴一看便知道他又丢了饭票，连忙拿东西给他吃。

当时，贺子珍也在苏联。罗荣桓动完手术后便打听她的下落。苏方联络人员查询后说，贺得了精神病，正在住院，她的女儿在一所保育院里。罗荣桓和当时也在苏联治病的王稼祥商量后正式向苏方提出：将贺接出院。经几次交涉，苏方将贺子珍送到纽克斯国际旅馆。这时，罗荣桓夫妇才知道，贺子珍赴苏后分娩的男孩因得肺炎而夭殇以后，她精神受了刺激，加上语言不通，被误诊为精神病。贺子珍出院时穿的仍是医院病人的衣服。林月琴便把自己的衣服拿出来给她换上。在罗荣桓、王稼祥夫妇的悉心照料下，贺子珍很快恢复了健康。

1947年3月，医院复查认为罗荣桓的肾功能仍有问题，同时还有高血压和心脏病，建议他去克里米亚疗养。罗荣桓夫妇正收拾行李，准备南下，苏方联络部人员心情沉重地告诉罗荣桓：国民党占领了延安。

当时，苏联人都把延安看成中国的莫斯科。在苏联的卫国战争中，莫斯科没有沦陷，苏联人对此颇为自豪，因此，有些人把放弃延安看成严重的事件，甚至说，丢了延安是中国共产党的错误。在莫斯科的一些中国学生受到这种影响，也为祖国的革命前途担忧。

罗荣桓耐心地对他们做宣传解释工作。他对一些苏联友人和中国学生说："国民党军队占领延安，并不是我们被迫丢失，而是主动撤离。在中国共产党的历史上，这类例子是不少见的。在俄国历史上也有拿破仑占领了莫斯科，最后遭到失败的事例。"他还引用了1946年7月毛泽东的一段话："战胜蒋介石的作战方法，一般是运动战。因此，若干地方、若干城市的暂时放弃，不但是不可避免的，而且是必要的。暂时放弃若干地方若干城市，是为了取得最后胜利，否则就不能取得最后胜利。"他再三强调，放弃延安绝不意味着中国革命的失败，而只能是新的更大胜利的开始；今天失掉一个延安，明天将会得到全中国。

这时，罗荣桓的心早已飞回到祖国波澜壮阔的解放战争的战场了。他婉言谢绝去南俄疗养，决定立即回国。苏方医务人员劝说无效，只得在罗荣桓的出院通知书上，写下了手术后的肾功能情况，特别又增添了"心脏病、高血压"两项病变，建议休养3年，又规定每天工作绝对不能超过3小时。

罗荣桓打点行装，准备回国之前，对林月琴说：

"你看，照现在这样，我又可以多订几个新的五年计划了！"

林月琴看到他虽然身体还说不上健康，但老病总算除掉了，带着在欣慰之中还夹杂着几分忧虑的心情收拾行装，准备回国。

罗荣桓夫妇出国前，组织上给他们带了一些金子，以备急需。在苏联，生活均由苏方供给，这些金子一直未动用。回国前，罗荣桓和林月琴考虑到当时在苏联读书的孩子们生活比较清苦，在同王稼祥、蔡畅等同志商量后，将这些孩子请到家里，拿出一小部分金子交给他们作为生活补助费用。为了保管和使用这笔钱，孩子们选出了朱敏、蔡转转、李特特作为负责人，罗荣桓夫妇谆谆嘱咐他们节省着用，要保持父辈艰苦奋斗的作风。

五

1947年8月，林月琴随罗荣桓回国。罗荣桓一回国就投入紧张、繁忙的工作。当时，东北野战军总部分前方、后方两摊。林彪带着前总住在哈尔滨以南的双城。东北局机关以及野战军政治部、后勤部都设在哈尔滨。林彪专务作战指挥，对部队的政治工作、训练、动员、装备、后勤保障、

军工建设很少过问。罗荣桓便来往于哈尔滨、双城之间，将这些林彪不怎么过问而部队又不能须臾离开的工作担当起来。苏联医生提出的休养3年以及每天工作时间不超过3小时的医嘱只好束之高阁。当他在哈尔滨时，每天回家都很晚。林月琴和两个孩子都习惯了等他回来吃晚饭。两个孩子常常是等着等着便趴在桌上睡着了。每天按时来给罗荣桓检查身体的医生一开始也常在他家等到深夜。他反复对医生说："我不要紧，你们以后不要等我。我有事会找你们。"在他的坚持下，医生才不再等他。

奥地利籍医学博士罗生特在罗荣桓去苏联治病期间已调到第一纵队（即三十八军）任卫生部长。罗荣桓1947年6月从苏联回国后并没有将他召回。但是，在这一年9月，罗荣桓的心脏病发作了一次。林彪乃将罗生特召回。罗生特即对罗荣桓作了详细检查，发现血压很高，左侧肾功能也不好。罗生特认为这是由于工作太紧张，劳累过度，而唯一的一只肾负担过重所引起的。为此他建议罗荣桓必须立即休息，严禁烟酒，不吃辣椒，按肾病饮食进餐。随后又多次催促罗荣桓休息。

罗荣桓对罗生特说："严禁烟酒，按肾病饮食进餐我都可以做到，但工作实在是放不下。你们当医生的是不是把我的病看得过重了一点。其实，自然界新陈代谢的规律是不可违抗的。人固有一死。问题是如何在有生之年多为革命做点有益的事情。"罗生特无奈，又去找林彪反映。林彪对罗生特说："我已向他说过几次了。但现在这个时候要让他全休息，恐怕也不可能。"罗生特也知道，此时已到了中国革命转折的紧要关头，要罗放下工作实际上是办不到的。他只好耸耸肩膀，双手一摊，连说了几个"不好办"，露出无可奈何的神情。

罗荣桓全力投入工作，常不在家。林月琴照顾他的任务减轻了，她感到清闲，便向组织提出，要求分配工作。野政组织部打算分配她到组织部工作。罗荣桓知道后对她说："你要求参加工作是对的，但你究竟做什么工作合适，让我再考虑考虑。"过了几天，罗荣桓对她说："现在各机关、各部队留守处都有许多娃娃，没有地方上学。你可以去办一所子弟学校，这既能解决前方干部的后顾之忧，又关系到培养革命后代，是很重要的事情。你就当这个子弟学校校长吧。"

林月琴平时常听到到她家串门的女同志谈孩子上学的问题，感到这件工作确实很重要，但又感到自己没有搞过教育，怕搞不好。罗荣桓又对她说："不会干可以学。办学校要有一些好教员。你可以找一些热心肠的有文化的女同志商量商量，请她们跟你一块干。"

于是，林月琴便找曾读过师范的政治部宣传部部长肖向荣的夫人余慎和副司令员吕正操的夫人刘莎一块商量办学的事，决定办一所包括保育院和学校在内的子弟学校，孩子满3岁就收，衣、食、住和教育均由学校负责，确定了要使孩子德、智、体全面发展的教育方针。随后便是找校舍，购置教具营具，选调医护人员、保育人员和炊事员、培训保育员。林月琴要求学校全体工作人员要做到像孩子们的父母一样关心、教育孩子。

在她和余慎、刘莎同志的积极筹办下，学校很快开学，招生越来越多，规模越来越大。学校将孩子们的教育、生活都管了起来，使他们的身心都得到健康成长。父母在前方的解除了后顾之忧，在后方的也减轻了家务劳动负担。

但是，这件事却引起了叶群的不快。林月琴过去并不认识叶群，当林月琴离开延安时，叶群尚未同林彪结婚。到东北后，林月琴才同她认识。林月琴从苏联回来后，才同她熟悉起来。交往时间长了，林月琴感到叶群在热情中透着虚伪。她向罗荣桓说起自己的印象，罗荣桓对她说："叶群的经历跟你不同，她在大城市待过，接触过三教九流，社会经验较多。你同她既要搞好团结，又要保持一定的距离。"因此，虽然叶群有一定文化，在办学时，林月琴并没有去请她。

办学需要校舍，管理部门建议用林彪、叶群即将迁出的房子当校舍。那房子很大，再早是马利诺夫斯基元帅的官邸。罗荣桓夫妇回哈尔滨后，管理部门也给他们分配了一套相当于林彪住宅的房子：三层楼，有舞厅、会客厅。罗荣桓感到房子太大，他们一家4口人住太浪费。当时，政治部主任谭政夫妇没有子女，住一栋小楼。罗荣桓夫妇便建议同谭家合住那栋小楼。罗荣桓夫妇有孩子，较吵闹，便要求住在楼下，谭政夫妇住在楼上。谭政夫人王常德是四川人，原来也是四方面军的，同林月琴在延安党校是同学，那时学员宿舍是大通铺，两人是铺挨铺。王常德年龄小，嗓门大，特别爱笑，林月琴便学着四川方言，叫她"幺妹子"，两人感情很好。王常德一听说林月琴要搬来和他们同住，立即拍手欢迎，并嚷嚷着要做几个四

川菜招待罗荣桓一家。

叶群知道林月琴搬家后便也提出要搬家，准备搬往马家沟。于是，管理部门便提出用叶群腾出的房屋当学校校舍。余慎等人去看了房子。此时，叶群尚未搬家。她听说要用此房办子弟学校时，陡然升起了一股无名火，便跑到双城向林彪告状，说罗政委带头搬家同谭政合住，是"将"她的"军"，逼得她也不得不搬到小房子去住，而原先的大房子却被林月琴要去办学校了，云云。

辽沈战役结束后，林月琴出席了在沈阳召开的东北妇女代表大会。会议推选出席全国妇代会代表时，在候选人名单中未列入叶群。叶群便在小组会上说，由于她是林彪的夫人，应当列为候选人。她的发言引起了与她愿望相反的效果。好几个代表都批评她这种观念不对，不赞成她当候选人。有一位代表直言不讳地对叶群说："我们从来没有听说过斯大林的夫人当了什么代表。你这样一说，本来可以选你的，也不好再选了。"叶群没有反省自己的表现，却无端怀疑是林月琴煽动的，而林月琴同她并不在一组，根本不了解她这一组的情况。叶群又到蔡畅同志处告状。蔡畅将林月琴找去问是怎么回事，林月琴莫名其妙。蔡畅便转了一个弯，建议让叶群当上了特邀代表，并向叶群解释，此事与林月琴无关。但是，叶群执拗地认为，后台是林月琴。这两件事便成为叶群嫉恨林月琴的发端。

六

1948年9月下旬，林彪、罗荣桓率领东北野战军前方指挥部乘火车从哈尔滨出发，到锦州前线指挥辽沈战役。林月琴留在哈尔滨继续办子弟学校。直到11月，沈阳解放后，林月琴率领子弟学校迁到沈阳才同罗荣桓会合。11月下旬，林彪、罗荣桓又率轻便指挥机关从沈阳出发，从喜峰口入关，到达蓟县，组成平津前线指挥部，指挥平津战役。月底，北平和平解放，林月琴又率领子弟学校迁至天津。这时，罗荣桓由于在辽沈、平津战役中过分劳累，他唯一的一个肾负担过重，也发生病变，并由此而引起高血压和心脏病。在一次听汇报时晕了过去。于是便住在天津休养。天津名医朱宪彝对他进行仔细检查后发出了"预后不良"的警报，因此罗荣桓和林月琴未再南下。子弟学校由余慎等率领迁到武汉。林月琴仍继续关心着这所学校。1949 年夏天，学校师生集体到北戴河度假，就是由林月琴亲自联系安排的。

1949 年进入北平后，林月琴检查身体时发现又怀了孕。她开始是高兴，因为她们两个孩子都已上学了，再要一个孩子正是时候。但她想想又不可能，因为罗荣桓做过结扎手术。她把这告诉罗荣桓，罗荣桓很高兴。但林月琴很纳闷。为了弄清是怎么回事，林月琴又让罗荣桓去作检查，发现结扎的输精管又通了，在医学上这种情况尽管很少但完全是可能出现的，有过这样的先例。于是，1949 年 10 月，林月琴又生育了第 2 个女儿，因为生这个女儿正是平津战役取得胜利的时候，罗荣桓即给她取名北捷。新中国成立以后林月琴又生育了最小的女儿——腊娜。

中华人民共和国成立后，罗荣桓出任中国人民解放军总政治部主任、总干部管理部部长和中央人民政府最高人民检察署检察长，定居于北京。1951 年年初，林月琴被任命为解放军"十一"学校校长。林月琴亲自勘察校址，确定学校建设图纸，亲自看档案，选调和培训教职员，用很大的精力来抓学校的筹办工作。1952 年 10 月，"十一"学校开学。林月琴在照顾病越来越重的罗荣桓的生活的同时，仍然经常到校，听取汇报，了解情况，解决问题。在林月琴和当时在校工作的教职员工作的努力下，这所学校很快成为当时北京教学质量较高的一所学校。

新中国成立以后，罗荣桓的健康状况越来越差。林月琴在办学的同时，要用极大的精力照顾罗荣桓的生活。她既是夫人，是孩子们的母亲，又是护士、秘书、管理员。

罗荣桓一贯以善于联系群众而著称。他的家中，客人不断。不仅有高级干部，还有一般干部、工人和农民。他家门前，不仅有卧车，还经常停放了不少自行车。有人写诗赞道：

革命友谊重山河，首长关怀暖心窝。
帅府门前客不断，单车倒比卧车多。

客人上门，接待主要由林月琴负责，准备茶水和糖果点心。如果快到

开饭时间，一定留客人吃饭。客人如果全家来，罗荣桓便同男客人谈工作，林月琴则将女宾和孩子领向别处热情招待。客人有时这一批尚未走，那一批又到了。林月琴怕怠慢了客人，便掩饰住自己对罗荣桓日益恶化的健康状况的忧虑，掩饰自己的不胜劳累，强打精神去应酬。有时实在支撑不了，便悄悄退回卧室，抽空在沙发上靠个三五分钟，然后起来，抿一抿鬓发，理一理衣襟，又去招待客人。

客人来看望罗荣桓，除了对老战友、老首长表示关心外，有的人是为了向他反映情况，有的是因在工作中碰到难题而向他请示，也有一些人是遇到一些实际问题想请老首长帮助解决，其中有人事关系问题、工作调动问题、纠正错案问题乃至两口子吵架问题，等等。其中，有许多事情都是按照罗荣桓的交代，由林月琴或其他秘书去催办的。林月琴是一个热心人，只要是应当做的事，她一定千方百计去办。由于她的奔走，一些干部的合理要求得到满足，一些错案得以避免或纠正，一些濒临破灭的家庭得以破镜重圆。多年来，林月琴是罗荣桓联系群众不可或缺的助手。许多干部对她的帮助都非常感激。但是她办过了就办过了，从来不记这些事。事后当别人向她再提起这些事时，她说的常常是："有这回事吗？啊呀，我都忘记了。"

湖南解放以后，罗荣桓同他老家久不通音信的亲友也联系上了。

罗荣桓是湖南省衡山县鱼形镇南湾村人。他的父亲罗国理曾当过童蒙塾师，后来弃教经商，开了一个兼卖中药的杂货铺，逐渐有了积蓄，添置了一些田产，当了罗氏的族长。但在1908年因受人诬陷打了一场官司，家道开始中落。

罗荣桓的母亲姓贺，是一个贫农的女儿，一生生育有6男2女。到1949年10月衡山解放时，罗荣桓的父母已经过世。他的弟兄中依然健在的也只有二哥罗晏清和六弟罗湘。

1919年罗荣桓17岁还在读中学时，便由家庭包办，同一位贫农的女儿颜月娥结了婚。1926年秋天，生育一个女儿叫罗玉英。1927年7月，罗荣桓在武汉中山大学读书时受中共湖北省委派遣，去鄂南通城从事农民运动。此时，蒋介石、汪精卫均已背叛革命，大批共产党人和革命者被杀害。罗荣桓深知，此时投身革命，随时都有牺牲的可能。他已将生死置之度外，为了不连累妻子，他写了一纸离婚书，劝颜月娥改嫁。但是颜并未改嫁。她仍然生活在罗家，并依靠做针线活含辛茹苦，将女儿罗玉英抚育成人。到1949年年初，罗玉英同当地一位小学教师陈卓结婚。

罗荣桓得悉这些情况后写信给罗玉英，让她到北京来读书，学一点文化，将来好为人民服务。同时，林月琴也托部队捎去了一个包裹，里面有给颜月娥的皮袄，有给颜月娥和罗玉英的冬棉夏单、内衣外衣全套的衣服，还有林月琴亲手给她们编织的毛衣。罗玉英回信给罗荣桓，说她已怀孕，即将分娩，等坐完月子才能北上。林月琴得悉后又托人捎去全套的婴儿衣服。罗玉英尚未见过这位林妈妈，已经可以感到她的无微不至的关怀。

1950年1月，罗荣桓的哥哥罗晏清让他的两个儿子陪同陈卓、罗玉英以及他们的孩子来到北京，罗荣桓将他的两个侄子和陈卓介绍进了军政大学，罗玉英由于文化较低，同时需照料孩子，便留在家里补习文化。到年底，进了速成中学的预备班。他们平时都住学校，星期六下午回家，星期天晚上再回学校。林月琴同罗玉英相处很好。每个月林月琴都要从罗荣桓的薪金中取出30元交给罗玉英，让她寄给她的母亲。直到罗荣桓逝世后，当地政府负责赡养颜月娥，方才停付。

在50年代，罗荣桓家共有子女5人：罗玉英、罗东进、罗南下，还有新中国成立以后才出生的罗北捷和罗宁（腊娜）。在罗家生活的先后有罗荣桓的侄子罗经平，侄女罗蔚兰、罗绮，侄孙罗孟贤，林月琴的堂弟林一苏、林明，侄女林立。林立原名林保住。林月琴看到家里孩子太多了，打算把保住送回安徽老家，罗荣桓不赞成，他对林月琴说："现在叫这孩子回去，还不是当个童养媳。我们多养一个孩子还养得起，把她留下吧。"罗荣桓为她改名林立，鼓励她自立自强，学好本领，成为国家有用之才。林彪前妻的女儿林小玲一度也住在罗家。她同叶群的关系不好，有一次她写信指斥叶群为王熙凤。林小玲想见她的父亲林彪，怕叶群从中作梗，便请林月琴联系。林月琴认为这是人之常情，便同意了。尽管林小玲写信给叶群的事林月琴事先并不知道，但多疑的叶群还是把这事同林小玲见林彪的事联系起来，从而增加了对林月琴的不满。这是后来在"文革"中叶群整林月琴的原因之一。

孩子们平时在校寄宿，寒暑假都回来了。罗荣桓夫妇便把大家组成一

个学习小组，由年纪最大的罗玉英当组长，让大家按时作息，一块复习功课，做假期作业。孩子们相处得很融洽。

七

到 1954 年，一向充满和谐、欢乐气氛的罗荣桓家出现了不幸：林月琴的女儿南下腿上长了骨癌。

南下很聪明，功课很好，罗荣桓很喜欢她。林月琴听说南下得了不治之症后，非常悲伤，但她怕罗荣桓难过，一开始没有告诉他。不久，南下病情发展很快，要做截肢手术，再也瞒不住了，罗荣桓也知道了。这时林月琴便得心挂两头，既牵挂罗荣桓的身体，又为女儿而焦虑。1955 年 5 月，南下癌肿已转移到肺部，住进了医院，林月琴整天守护在医院内。尽管医生用了各种办法医治，最后病魔还是夺去了南下年轻的生命。此时林月琴强行抑制住自己的悲痛，怕的是罗荣桓听到这个消息后会加重病情。她同卫生部保健局长黄树则商量，让黄回去设法慢慢地同罗荣桓讲，避免使他受到刺激。

来到罗荣桓家里，黄树则像往常一样先问饮食起居，又东拉西扯地闲谈，就是不知道对南下的事怎样提才好。过了好半天，还是罗荣桓打破了僵局："树则同志，你来的意思我晓得，是不是南下不行了？"黄树则无言地点了点头，一时也想不起应该讲一些什么样的话来安慰罗荣桓。罗荣桓默默无语，抬起头看着窗外庭院内的落花，慢慢地说："在战争年代，要养活一个小孩子是很不容易的，不少干部把孩子丢了。那时有一个干部，孩子死了，难过得掉眼泪。我就跟他讲：在战争中牺牲人是平常的事，自己的战友亲人死了，当然很悲痛，但是还要继续战斗，继续前进嘛！南下是战争年代生的，她能活到新中国成立后，已经是不容易了。"

1956 年，由于劳累过度，罗荣桓心绞痛反复发作，有时一天几次。发作时，吃一点药，休息一下便挺过去了。时间一长，罗荣桓担心贻误工作，准备辞去总政主任的职务。他对林月琴说："一个人在其位，就得谋其政。你在那个位置上，人家有事就请示你，你又没有那么多精力去了解情况，这会影响工作，还不如把事情交给身体好的同志去做，对革命、对自己都有好处。何况，我专做政治学院院长，可以集中精力搞得更好一些。"当时只有 54 岁的罗荣桓，经过反复考虑，1956 年 9 月 2 日，终于提笔写道：

转军委并报中央主席：

我长期身体不好，不能工作，而又挂名很多，精神上极感不安，请求解除我总政治部主任及总干部长等职以免妨碍工作。

罗荣桓建议由谭政接替总政治部主任职务。

彭德怀接到罗荣桓的信后，感到事关重大，需从长计议。他考虑八大即将开会，可在会议期间向毛泽东主席报告后再说，便将信先压了下来。

9 月 15 日，中国共产党第八次全国代表大会开幕。罗荣桓出席了大会并被选入主席团。26 日，大会选举中央委员，罗荣桓当选。28 日在八届一中全会上，由毛泽东提名，罗荣桓当选为中央政治局委员。

10 月 2 日，彭德怀将罗荣桓的信批给军委秘书长黄克诚："抄送军委委员阅，准备在军委会上讨论一下。原稿转呈主席。"

中央军委经过反复研究，考虑到罗荣桓的健康状况，同意他的请求，并决定由谭政任总政治部主任，萧华任总干部部长（不久总干部部与总政合并）。

罗荣桓辞去总政治部和总干部部的职务后，日常工作的负担减轻了。但是他被选为政治局委员，感到肩上的责任更加重了，需要用更多的时间到群众中去走一走，接触一点实际，发现了问题可以及时向中央反映。

1956 年和 1957 年之交，他去湖南、广东、福建视察，并顺便回到阔别30 年的故乡衡山县城，第一次也是最后一次游览了慕名已久的南岳衡山。

罗荣桓辞去总政主任职务后，身体情况仍然不见好转。对于罗荣桓的病，最彻底的治疗方法是做肾移植手术和安装人工肾，但这在 50 年代还办不到，对他只能采用保守疗法，可疗效有限。罗荣桓的健康状况仍然是随着时间的推移而日益恶化，林月琴对他健康状况的焦虑也与日俱增。有时罗荣桓精神好一些，林月琴便得到些许安慰。但是这样的时光往往十分短暂。林月琴经常是悬着心过日子。

为了同病魔作斗争，罗荣桓非常注意锻炼身体。多年来，他养成了每

天散步的习惯。由于他比较胖，有因肾病引起的高血压和心脏病，他走起路来步履十分沉重，每走一步都似乎要用尽全身力气，似乎都是在重新起步。然而他每天都要坚持走 1 个小时，走到某一个作为标志的地点才回头，以保持有一定的运动量。但是当刮风下雨或是数九隆冬时，便不能外出散步了，他只好在室内做一做自编的体操。为了便于让罗荣桓每天都能散步，林月琴想将院内那一排平房打通，修一条走廊。但是罗荣桓坚决不同意。后来，罗荣桓病重住院，管理部门趁机突击修好了走廊。但是罗荣桓再也没有回来。

罗荣桓没有什么业余爱好，既不下棋也不打扑克。林月琴给他买来留声机，让他听听唱片，但他兴致也不高。有一次保健医生给他放小提琴协奏曲《梁祝》，他听了一会儿便对医生说："这是什么呀？"医生便一段段地放，一面放一面给他讲，他听后点点头："你这么一讲，还确实有一点味道。"以后他便常让林月琴或医生给他放《梁祝》。

对于罗荣桓的健康，同他住地相邻的贺龙十分关心。贺龙去看望他时，常对他热情地宣传钓鱼对身心健康的好处。罗荣桓一开始不想去，贺龙又邀来聂荣臻一道劝驾，盛情难却，罗荣桓便去了。贺龙一路上向他讲解钓鱼的 ABC，到了龙潭湖后，又帮他撒鱼饵做窝子往鱼钩上装饵……罗荣桓下竿不久，就有一条大鱼上钩了，咬着鱼钩拼命往深水里钻。罗荣桓没有思想准备，被猛地拉了一个趔趄。贺龙见状，忙放下自己的钓竿，一边说着"老罗，莫慌，我来我来"，一边便以同他的年龄很不相称的敏捷跑过来，接过罗荣桓的钓竿，一面放线一面说："这叫放长线，钓大鱼。"罗荣桓站在岸上，兴致勃勃地看着贺龙放线收线，反复多次，经过二三十分钟，才把鱼钓上来。一称，有 17 斤。罗荣桓为钓上这么大的鱼而感到兴奋和新奇，可又怕龙潭湖公园吃了亏。当他了解到每季度交几十块钱钓鱼费，鱼钓多了就还给公园时，才解除了这个顾虑。从那以后，罗荣桓开始对钓鱼发生兴趣了。但是他钓鱼时，有时思考问题，常常是鱼咬钩了都忘了提竿。贺龙便诙谐地对他说："老罗，姜太公钓鱼是愿者上钩。可是你呀，鱼咬钩了也不提竿。"罗荣桓听了也不禁哑然失笑。比较起来，他最喜欢的仍然是工作。

1960 年秋天，林彪主持军委工作后仅仅一年，便发动了对总政治部主任谭政的批判斗争。1960年年底，根据林彪的意见，谭政被降为总政治部副主任。毛泽东将总参谋长罗瑞卿和总政副主任萧华请到中南海去商量由谁来接替谭政任总政治部主任。罗瑞卿和萧华都建议由罗荣桓复出，毛泽东立即同意。于是中央决定，由罗荣桓重新出任总政治部主任。

对此，罗荣桓感到突然。10月间整谭政的军委扩大会议，他因病没有参加。批判谭政，林彪事先对他连招呼也没有打一个。

但是，罗荣桓服从了中央和军委的决定。他对林月琴说："中央既然要我干，我一定要干好。"于是，他便带病上任，首先是找总政各位副主任和部长们汇报，了解情况，接着又同贺龙一道用两个月时间到江苏、上海、浙江、福建、江西、湖南等地调查研究。

由于他一贯坚持实事求是的思想路线，已经掌握了许多第一手材料，了解了基层的实情，他便不可避免地同当时正在推行"左"的一套的林彪在几个问题上发生了分歧，主要有：

一个问题是1960年面对在农村工作中存在的刮共产风、强迫命令风、浮夸风、瞎指挥风和特殊化风，指战员中有不少意见的情况，要不要向地方上反映。罗荣桓认为应当及时向当地党委反映，并在请示中共中央书记处之后，以总政名义向部队发了文件。但是林彪不同意，否定了总政发出的文件。另一个问题是如何学毛主席著作。林彪提出了带着问题学，活学活用，急用先学，立竿见影。罗荣桓不赞成这种简单化的实用主义提法，认为主要应当学习立场、观点、方法，掌握毛泽东思想的精神实质。对第二个问题，罗荣桓曾在会上当面向林彪提出，使林彪不得不同意在一个条例中删去他的提法。邓小平主持的书记处完全支持罗荣桓的观点。这一件事引起了林彪对罗荣桓的不满。他在对一些干部谈话时，曾给罗荣桓扣上"反党反毛主席"的帽子，并说："什么林罗，林罗从来就不是在一起的，林罗要分开。"

林彪和罗荣桓，早在1930年便在一起共事了。当时一个是红四军军长，一个是红四军政委。解放战争中，他们一个是四野司令员，一个是四野政治委员，互相配合，合作得很好。因此人们往往把林罗并称。

新中国成立以后，他们之间以及两家之间的关系，一直也是不错的。但是，到了60年代，由于罗荣桓表示了同林彪在学习毛主席著作等问题上

的不同意见，激怒了林彪，使他说出了"林罗要分开"这样绝情的话。

1963年9月28日，罗荣桓病情严重再次住进了北京医院。这次不仅是血压不稳，心脏不好，肾功能也开始衰竭。

肾功能的衰竭引起尿毒症，非蛋白氮指数高达110、120（一般超过10，人就要昏迷）。当时医院还没有人工肾设备，只能采用腹膜透析的办法，就是向腹内注射1000毫升生理盐水，过半小时再抽出来。林月琴看到罗荣桓注进盐水后，肚子胀得像鼓一样，但他却强忍着一声不吭。由于尿中毒，毒素不能从肾排出，就从皮肤排出。因此罗荣桓浑身皮肤常常奇痒难耐。他自己挠，林月琴也帮他挠。这也止不住，就用热水烫。皮肤经常烫出泡来。林月琴看到他如此的受折磨，真比自己身受还感到痛苦。

最痛苦的是尿毒刺激肠胃，不能吃饭，吃了就吐。医生想尽一切办法，也不能制止呕吐。病人再不吃饭，病情更会加重。林月琴和医务人员便喂他吃，他便以坚强的意志一口一口地把饭强咽下去，一面吃一面同旁边的人谈话，以分散注意力，减少痛苦。吃下去吐，吐完了再接着吃，有时一顿饭要折腾四五次。每当他吃下一点东西而没有再吐时，林月琴和罗荣桓一样，也感到欣慰。

随着病情的发展，罗荣桓已经很难起床了，但是他还是一次次地挣扎着坐起来。他反复地说："让我坐起来，站起来，能站起来就是胜利！"为了能使他下床活动，林月琴把家里的一把旧靠椅拿出来，装上四个轮子，搬到医院里来，推着他在走廊里走来走去。走廊里静悄悄的，林月琴是多么希望这位同生死共患难达26年之久的最亲密的战友能从这把自制的轮椅上站起来啊！

在最后几天，罗荣桓因尿毒症而打嗝不止，几天几夜地打，院方把北京所有会止嗝的医生都请来，用了各种方法，就是止不住。林月琴喂他吃冰，后来吃冰也止不住，又用喝开水的办法……看到罗荣桓这么痛苦，林月琴的心都碎了。自从罗荣桓住院以来，林月琴就在病房搭了一张小床，日夜守候在那里。为了尽量减少医护人员的负担，生活上的许多事，林月琴都主动去做。焦虑和劳累使她变得十分憔悴，而许多人来看望，她还要抑制自己的悲伤情绪去迎送客人……

12月15日，罗荣桓病情更加恶化。几天来，他一直处于昏迷状态。这一天他苏醒过来，看着守候在床前的林月琴和孩子们。他拉着林月琴的手，深情地望着她。对这位经过长征的红军女战士、与他同甘共苦26年的老伴，他没有更多的话要嘱咐了，只是说："我死以后，分给我的房子不要再住了，搬到一般的房子去。不要特殊。"然后他又逐个看看孩子们，嘱咐道："我一生选择了革命的道路，这一步是走对了，你们要记住这一点。我没有遗产留给你们，没有什么可以分给你们的。爸爸就留给你们一句话：坚信共产主义这一伟大真理，永远干革命。"随后又昏迷过去，傍晚，罗荣桓又苏醒过来。林月琴告诉他："少奇同志要来看你。"罗荣桓听说后，一直硬撑着。刘少奇走后，他又陷入昏迷。

12月16日下午2时37分，罗荣桓在贺龙、张爱萍、甘泗淇、梁必业、肖向荣和林月琴及孩子们守护下，心脏停止了跳动。林月琴悲恸欲绝，在人们的劝慰下，脑子里已是一片空白……

这天晚间，毛泽东在中南海颐年堂会议室召集会议听取聂荣臻等同志汇报10年科学技术规划。开会前，毛泽东提议大家起立为罗荣桓默哀。默哀毕，毛泽东说："罗荣桓同志是1902年生的。这个同志有一个优点，很有原则性，对敌人狠，对同志有意见，背后少说，当面多说，不背地议论人，一生始终如一。一个人几十年如一日不容易，原则性强，对党忠诚。对党的团结起了很大的作用。"

出席这次汇报会议的罗瑞卿随即打电话给正在陪同林月琴的郝治平，让她把毛泽东讲的话向林月琴转达，劝劝林月琴。林月琴听了毛泽东的话，稍稍得到一些慰藉。

八

罗荣桓逝世两年以后，"文化大革命"处于酝酿、准备之中。林彪在着手整罗瑞卿的同时，叶群通过吴法宪向刘亚楼夫人翟云英打招呼，要她少同林月琴接触，原因是林月琴同人交往"左中右不分"，其实际含义即是指林月琴同罗瑞卿的夫人郝治平经常来往。翟云英没有听他们的话。有一次，军委办公厅送一份传阅文件给贺龙夫人薛明，让他们看完后传给同她比邻而居的林月琴。叶群知道后竟跑到薛明处威胁道："你们那个邻居的弟弟历

史上有问题，你把文件传给她，将来是会说不清楚的！"

"文革"开始后，打算乘着动乱一显身手的江青和叶群相约，要互相支持着整仇人。同江青达成这一默契后，叶群便放开手脚，在大整罗瑞卿夫妇的同时，也把手伸向林月琴，并通过整林月琴来攻击已逝世两年多的罗荣桓。她不仅要报林彪的仇，还要泄自己的愤。

1966 年 8 月 25 日，吴法宪带头给林月琴写了第一张大字报，贴在总参办公楼的门厅内，轰动了总参机关。轰动不在于内容而在于它的作者。人们都很纳闷，空军的司令怎么会把"反"造到总参来呢？至于内容，却很空泛，说的是林月琴喜欢钓鱼，帽子则是"意志颓废"。为了造声势，空军又送来几张大字报，接着是林彪办公室支部贴出大字报支持吴的"革命行动"。明眼人一看便知，这是叶群操纵吴法宪演的一出傀儡戏。但是，由于曲拙和寡，这出戏不几天就沉寂下去。

叶群对这种状况很不满意，她决定再添几把柴火，把"火"烧起来。1966 年 12 月，在林彪授意下，总参成立了批判肖向荣的领导小组。叶群向领导小组提出，要在批肖向荣的同时点名批判林月琴，斗倒斗臭，肃清影响。她要求领导小组每天向她报告会议情况。除批肖向荣的情况外，还要了解有谁点了林月琴的名，都讲了些什么。就是在这次会上，一些人在叶群授意下胡说林月琴组织了"寡妇集团"。

这一期间，林月琴的弟弟、民航局的一位一般干部林宁被诬陷为特务而被迫害致死。林月琴则带着女儿北捷、侄子林洋被软禁在西山。12 月 16 日，罗荣桓逝世 3 周年，叶群又将公安部长谢富治搬了出来，连夜秘密逮捕了林宁的妻子陶书秀，把她投入秦城监狱。逮捕的方法经过周密安排，十分神秘。当夜由谢富治在林彪家里坐镇指挥，先是派一辆卧车到林月琴家，叫醒了陶书秀，要她把林月琴的换洗衣服收拾一下，送到西山去。陶信以为真，上了车，到了西四附近，又让陶下车，然后，换乘警车直奔秦城。对一位不识字的家庭妇女如此煞费苦心，无非是要给林月琴添点堵。至于把逮捕日期选在 12 月 16 日这一天，是故意还是巧合，就不得而知了。

此时，罗东进夫妇住在机关，林月琴被隔离，陶书秀被捕，罗家就没有人了，只剩下一个司机看门。林月琴的小女儿腊娜回家一看，不知道妈妈到哪里去了。曾经护理过罗荣桓的 301 医院护士肖宝珠便把腊娜接到 301

医院当一名护理员。此后，很长时间，腊娜和母亲互相都不知道对方在哪里。

1967年2月，叶群由幕后指挥转向前台。她在京西宾馆召开的总政治部一次会议上指名攻击罗荣桓"反党"、"反毛主席"；并通过全军"文革"小组一名工作人员之口在向群众解答问题时，把罗荣桓和已被贬黜到福建的谭政并列为在总政工作做得较少、较差的主任。接着，罗荣桓曾长期领导的总政治部便被林彪一伙打成了"阎王殿"而"彻底砸烂"。

1971年九一三事件之后，林月琴回到北京。1975年，邓小平从江西返回北京，住在招待所里，便约见了林月琴和她的三个孩子。经过9年动乱，孩子们见到这位罗荣桓的挚友，历尽磨难依然健壮的邓叔叔，都含着热泪。邓小平满怀深情地对罗东进等说："要记住你们的爸爸，他是真正维护毛泽东思想的。他反对'活学活用'完全正确，我和他的观点是一样的。"

1975年9月，邓小平在农村工作座谈会上回忆道："林彪把毛泽东思想庸俗化的那套做法，罗荣桓同志首先表示不同意，说学习毛主席著作要学精神实质。当时书记处讨论，赞成罗荣桓同志的这个意见。"

1977年5月，在需要端正党的思想路线的关键时刻，邓小平又提起这件事。他说："两个'凡是'不行"，"毛泽东思想是个思想体系。我和罗荣桓同志曾经同林彪作过斗争，批评他把毛泽东思想庸俗化，而不是把毛泽东思想当作体系来看待。我们要高举旗帜，就是要学习和运用这个思想体系。"

邓小平这几段话对1961年他和罗荣桓同林彪的这场斗争的意义作了恰如其分的历史评价，也是对林月琴和她的孩子们莫大的安慰和鼓舞。

（黄　瑶）

"我们必须为党工作"

我是在湖南老家长大的。听老一辈的乡亲们讲，爸爸从小就同情穷苦人民，热爱劳动，富有正义感。他恨那些不劳而食的地主，恨封建礼教，从不相信"同宗同族是一家"那一套骗人的鬼话。他常说，这个世道不公平。

为了寻求革命真理，爸爸摆脱了封建家庭的束缚，外出求学。他到过北京、青岛、上海、广州……这使他有机会广泛地接触社会。祖国的大好河山被帝国主义列强、封建军阀搞得支离破碎的残酷现实，使他更加痛恨当时社会的黑暗、反动政府的腐败，越发同情苦难深重的劳动人民。他迫切感到，这个社会非改造不可！

1927 年，爸爸先后参加了鄂南暴动和毛主席亲自领导的秋收起义。为了便于行军作战，将我留在了老家，直到全国解放，我才又生活在爸爸身边。儿时，我看到人家的孩子都有爸爸在一起，心里很难过，也不知背地里流过多少眼泪。夜晚，我常常独自久久地望着缀满星斗的天空，心想，要是那些眨眼的星星告诉我爸爸的消息该多好啊！

1938 年春的一天，爸爸来信了，是从国民革命军第十八集团军——五师政治部写来的。爸爸来了信，我又是跳又是笑。信中这样写道：

"现随军北上抗战，以后对家庭更无法顾及。非我无情，实为国难当前，奈何！

"玉英小孩蒙兄等爱护当表示感谢，还希继续维持，使她能够有所成就，不致陷于无知无识，弟虽战死沙场毫无顾虑。

"以后通信如在可能条件下，当给以传递捷报……"

整整 40 年过去了，我至今还珍藏着爸爸的这封信。40 年来，我不知读过它多少遍，每次读后，都深深为爸爸那种国难当前，舍小家为大家的崇高精神和对革命事业的坚定的信念所感染，从中受到巨大的鼓舞。

1950年1月，我来到北京。见到离别20多年的爸爸，我一肚子的话却一句也说不出来，只是哽咽着喊了声"爸爸"，便泣不成声了。他老人家用大手抚摸着我的头，深情地说："孩子，20多年来你在家受苦了吧，今天毛主席解放了我们，全家在北京团聚了，应该高兴才是啊！"听了爸爸的话，我笑了。真的，我来到北京，来到爸爸身边，这是多么幸福啊！

在我离开家乡的时候，乡亲们听说我爸爸还活着，并担任第四野战军的政委，都高兴地向我祝贺。也有的人说："你爸爸当了大官，以后你可有依靠了，啥事也不用操心了。"由于当时觉悟低，听了乡亲们这些议论，我的心里美滋滋的。爸爸从我的一封信中察觉了我的这种思想，立即回信教育我：

"你爸爸20余年来是在为人民服务，已成终身职业，而不会如你想的是在做官，更没有财可发，你爸爸的生活，除享受国家规定之待遇外，一无私有。你弟妹们的上学是由国家直接供给不要我负担，我亦无法负担。因此陈卓等来此，也只能帮其进入学校，不能对我有其他依靠。"

爸爸的批评对我的思想震动很大。来到北京，在一次谈话中我问爸爸，什么是为人民服务？爸爸笑了："就是为人民做事情哟，吃人民的，不为人民做事怎么行？我就只有一个肾了，还在为人民做事情。"接着爸爸十分感慨地讲道："多少先烈为了我们今天的幸福献出了他们宝贵的生命。我们必须努力为党工作，保卫好、建设好这个新中国，才对得起他们啊！"爸爸的耐心帮助和亲切教诲，使我渐渐懂得了怎样做一个新中国的主人，怎样生活才有意义。

到了北京后，爸爸要我努力学习。他说："不识字怎么能为人民多办事，办好事情呢？"我没有马上回答。心想，年纪大了，记忆力又不好，刚刚有了一个孩子……爸爸见我有顾虑，便鼓励我说："事情在有没有决心。在党和毛主席的领导下，压在中国人民头上的三座大山不是被推翻了吗？"爸爸的这席话给了我勇气，我决心学好文化，更好地为人民服务。我最初的学习，是读报纸上的文章。爸爸讲："这样既识了字，学到了文化，又可以了解政治时事，开阔眼界。"年底，我参加了工农速成中学的入学考试，考上了预备班，我更加刻苦学习文化。

爸爸对我的严格要求是多方面的。他常讲，艰苦奋斗是传家宝，有了它就不会忘本，就不会脱离群众，就能始终精神振奋，斗志旺盛，永葆革命青春。

记得来北京不久，一次我准备到街上去补一条破了的裤子，正巧被爸爸看到了，他当即批评我："为什么不自己补？刚出来就忘本喽！"我很少见爸爸这样生气，脸一下子红了。以后我时常告诫自己："千万不要忘本啊！"他还经常嘱咐我和我的爱人陈卓："你们不但要工作好，学习好，还必须教育好子女。"因此，我们在日常生活中注意对孩子严格要求，进行艰苦奋斗的教育。

1954年由于身体不好，难以坚持学习，我要求提前分配工作，得到了爸爸的支持。我满以为身体不好，爸爸一定会在城里的大机关里给我找一个合适的工作，可是爸爸没有这样做。爸爸要我到工农群众中去，到基层、到艰苦的地方去工作、去学习，锻炼自己。不久，组织上分配我到郊区一个农场工作，农场条件比较艰苦，交通也不方便，星期六我要步行10多里乘公共汽车回家。在两年多的时间里，我和农场职工同志们一起工作、一起学习、一起劳动，这不但使我的思想得到了锻炼，而且还学到了不少书本上学不到的知识，身体也有明显的好转。在党的教育和培养下，1955年我光荣地加入了中国共产党，在革命的征途上又跨出了新的一步。

爸爸常说，一个家庭也要有民主作风，孩子们思想要活跃。记得在学校学习期间，每逢寒暑假，爸爸总要求我们组成临时家庭小组，我最大，让我任小组长。除坚持学习和帮助工作人员一起搞家务外，他还规定，每周开一次小组会，互相开展批评，主动征求工作人员的意见。记得在一次小组会上我把妹妹批评哭了，气氛一下子紧张起来。爸爸当时也参加了我们的小组会，他先看了看妹妹，然后笑着对我说："看来你这个小组长群众威信不高，不然你提意见别人怎么不愿接受呢？"听到这诙谐的话语，妹妹破涕为笑了。

爸爸是人民军队的老政治工作者，他一向认为，政治工作从根本上讲就是群众工作；只有党的路线、方针、政策在群众中真正扎下根，党的任务才能完成。爸爸不但自己做到密切联系群众，深入细致地做群众工作，同时也反复教育我们要不断在三大革命运动中汲取政治营养，学会做群众工作。

1961 年冬，爸爸到广州养病，路过老家时，叫我和陈卓回家去看看。爸爸再三叮嘱：要先到县里、公社看看干部，问候村里的贫下中农，绝对不要搞特殊化，吃饭要交钱，老乡家请客不要去。他还要我们做调查研究，了解农村的阶级斗争、生产斗争情况。最后爸爸还给我们定了一条纪律：和社员一起参加农业劳动。我们按爸爸的话去做了，到了广州后详细地向他作了汇报。爸爸非常高兴，连声说："好，好！你们应该这样。"

对于我们的每一点进步，爸爸都感到由衷的欣慰，同时提出新的更高的要求。

1956 年组织上调我到一个新的单位工作。爸爸对我的要求更严格了。他不止一次地强调：一个政治工作者，最主要的就是正派，实事求是，特别是在政治运动中一定要旗帜鲜明，在维护党的利益的时候，要敢于牺牲个人。当我在工作中遇到困难甚至感到委屈的时候，爸爸就语重心长地教育我：干革命、做工作怎么可能总是一帆风顺呢？困难总是有的，矛盾总是存在的。要相信党，相信群众，经得起大风大浪的锻炼，要宽宏大度，善于团结和自己不同意见的同志一道工作。

（罗玉英）

"要使自己成为社会主义的专家"

我是在抗日战争初期出生的。那时候战斗频繁，环境艰苦，爸爸和妈妈忙于工作，就把我寄养在老乡家里，5 岁以后，才回到爸爸身边。从我记事起，爸爸就经常教育我热爱人民、热爱劳动、热爱党和毛主席，一点一滴地培养我的革命人生观。记得有一次部队打了胜仗，我捡了个日军的破防毒面具戴在头上，跑到街上又蹦又喊，把老乡的孩子吓哭了。爸爸知道了把我叫到面前，批评我说："你到老乡家里的时候，路都不会走，是老乡用高粱煎饼把你养大的，老乡待你像亲生儿女一样。可你刚从老乡家里回来，就忘了本！你知道什么叫群众纪律吗？……"说完，又叫我去反省，以便牢牢记住这次错误。这件小事，给我留下了终生难忘的印象，它告诉我一条最普通也是最根本的道理：要爱护人民，永不忘本！

新中国成立后，我和妹妹们进了北京，爸爸对我们的教育抓得更紧了。他常常嘱咐我们：革命干部子女不要脱离群众，不要有优越感，要和工农子弟打成一片。还说，特别是对那些家庭有困难的孩子，要多和他们接近，多帮助他们，吃饭穿衣要首先想到他们。

我上小学时住在学校，离家很远，星期六回家，我和妹妹都是坐公共汽车。有一次因有事回去晚了，就坐了爸爸的小汽车。爸爸知道了，严厉地说："这样不好！汽车是组织上给我工作用的，不是接送你们上学的。你们平时已经享受了不少你们不应当享受的待遇，如果再不自觉就不好了。那样会害了你们自己。"后来有次我和妹妹因没搭上公共汽车，就从学校徒步回了家，爸爸马上表扬我们说："这样做很好！青年人应当时刻锻炼自己，不怕吃苦。"爸爸常对我们说，生活上不要特殊化。不然，一味追求舒适的生活，讲究吃穿，贪图享受，就是资产阶级思想的温床。

当时，我们还不大明白这些话的深刻意义，但还是照着做了。我们捡了爸爸妈妈的旧衣服穿，破了打上补丁。妹妹们上学带饭，也自动带窝窝头。爸爸立即鼓励我们，说这是前进了一步。

记得有一年暑假，我们随爸爸到外地。有一次出去，看见有些孩子在山坡上拣干树枝。爸爸对我们说："应当像他们那样热爱劳动。"以后，我们每天就早早起来，跑出去帮助小朋友们拾柴草。妹妹腊娜和小朋友们关系很好，不管走到哪里，都爱和老乡的孩子一起玩儿，有时还帮他们割草、拾柴和摘豆角。爸爸表扬了妹妹，鼓励我们向她学习。

我在高中一年级读书时，报名参加了修建十三陵水库的义务劳动，在工地上受到了领导的表扬。回家后，爸爸很高兴，向我询问了工地上的情况，并看了看我被压破了皮的肩膀，勉励我说："这仅仅是开始。劳动人民的肩膀都磨成死茧了。你不要被艰苦吓倒，今后还要更积极地参加劳动。"

爸爸给我烙印最深的，还是他自己的模范行动对我的教育。爸爸对党、对毛主席，感情很深。平时我们让他讲革命战争年代的故事，他每次总是讲毛主席领导的如何英明和正确，讲革命的艰苦，胜利来之不易，很少提到他自己。当我们问起时，他就说："你们为什么总是对这些感兴趣呢？当时我还不是跟大家一样，在毛主席领导下干革命！没有毛主席的领导，就什么也谈不上。"

在战争年月，爸爸负过伤，又因病切除了一个肾，新中国成立以后，病情更重了。但是爸爸一直以顽强的毅力坚持学习、锻炼和工作。他每天天不亮就起床做早操、散步、收听新闻广播，然后阅读大量的文件，有时病倒在床上不能自己看，就让妈妈和秘书念给他听。他常说，我身体不好，不能做什么工作，再不看文件怎么行呢？他还找了一本毛主席诗词的字帖，休息时间，就用工工整整的小楷抄录主席诗词，并说这就是很好的休息。自全国解放到1963年，爸爸把《毛泽东选集》反复通读了4遍，还读了英文版的毛选第四卷。我们常听他在看毛主席写的文件或文章时感慨地说："还是主席看得远呵，要写出这样的文章真不容易。"在他逝世的前几天，他一再对我讲："在我这一生中，有一条是做对了，那就是我坚决跟着毛主席走。"

爸爸经常教育我们要用阶级观点看待事物，培养无产阶级的思想感情。爸爸有个哥哥，过去当过族长，雇过佃户，新中国成立后几次来找爸爸，爸爸对他总是十分冷淡，很少与他说话。相反，一个在老家当过长工的老人来看望他，爸爸对他十分热情，请他吃饭，让秘书陪他在北京参观，临走还亲自送到大门口。事后他对我们说："这些人虽不是什么亲戚，但他们是阶级兄弟，比亲兄弟还要亲。他们来看我完全是出于真心，由于阶级感情。绝不像你二伯伯他们，国民党在时他躲得远远的，生怕沾了边。新中国成立后却想来享清福。他虽然是我的亲哥哥，但不是一个阶级。"

爸爸去世前，由于肾失去作用，得了尿毒症，周身的皮肤都坏了，十分痛苦。护士同志每天帮他擦洗。一天我到医院去看他，他对我说："你看护士同志天天为我这样辛苦，觉也睡不好，饭也吃不好，比亲女儿还要亲，这就是阶级感情。你要永远记着，阶级感情比任何感情都更加真实，更加可贵。"

爸爸就这样时时处处用他那伟大共产主义战士的情操，影响、教育着我们。这每句话，每件事，都使我们感觉到，爸爸同许多革命老前辈一样，是多么担心革命的成果会在我们这一代的手中断送掉，他们无时无刻

不在期待着，思虑着：怎样使下一代接好班，把革命推向前进，把国家建设好，完成他们来不及完成的夙愿。在长期的革命经历中，爸爸一直在党和毛主席的领导下，从事军队的政治工作，他当然懂得政治思想教育的重要。然而，他也同样重视科学文化知识的学习，强调专，提倡红与专的结合。

为了教育我们珍惜大好时光，学好科学文化知识，他常给我们讲他青年时代求学的故事。他的青年时代，是在旧中国军阀混战的动荡中度过的。社会的黑暗，政府的腐败，在他年轻的心灵里唤起了强烈的不满，一种朴素纯真的追求自由光明的信念，促使他远离家庭，四处求学。他到过北京、青岛、上海、广州……无论到哪里，想安安静静地求学问都是行不通的。由于得不到封建家庭的支持，他常常交不上学费，求亲告友又常常遭到官场人家的白眼和冷落。为了学习，爸爸甚至去替有钱人家的子弟代考。考上了，又只能看着人家的孩子进校读书。五四运动后蓬勃兴起的学生运动教育了他，使他看到在当时的情况下，埋头求学是不能救中国的。虽然他对科学知识有着炽热的渴望，但当他的家乡湖南的革命运动迅猛兴起的时候，他毅然放弃了去外国留学的机会和做一名工程师的愿望，参加了革命运动，不久就投身到毛主席亲自领导的秋收起义的行列中去。从此，他一直跟随毛主席，南征北战，为埋葬旧制度，建设新中国，贡献了一生。爸爸常常怀着深深的感慨告诫我们兄妹，新中国为青年一代创造了优越的条件，你们一定不要虚度了光阴，一定要发奋学习，把烈士们流血牺牲换来的江山，建设成繁荣昌盛的社会主义强国。

小学时期，有一次我的考试成绩不好，爸爸硬是让我反省了一天，一定要好好找一找原因。每天除了完成学校的作业，爸爸还要求我们练字，读些报纸杂志，以增长知识，开阔眼界，了解国家大事。他说他小时候上私塾，念不好是要挨老先生打的，有时竹戒尺把手打得肿起老高，吃饭都不能用筷子。现在没有竹戒尺打我们了，可是如果不自觉，不好好学，将来是要后悔的，社会的"戒尺"是会惩罚我们的！

1959年我考入了军事工程学院，这是我走向生活的重要一步，爸爸对我的要求更加严格了。临行前，他对我说："我同意你到军工去学习，是希望你在军事院校里接受严格的军事教育，使你在政治上更快地进步，将来为我们的国防建设做一点贡献，为人民做一点有益的事，而绝不是要你当什么官，出来摆威风。"他一再给我讲落后就要挨打，落后，社会主义就不算牢靠的道理，嘱咐说："现在我们的科学技术还很落后，你们要长志气，为国家搞出点成就来。"之后，又把对我的教导用毛笔写在纸上，让我随身带着：

> 学习专业与学习政治相结合。政治是确定方向，没有方向的航行，是会误入迷途。
> 紧密地联系同学，互相协作，达到一齐提高。警戒孤僻自大，也不要自卑无信心。
> 遵守军事纪律，养成大无畏精神。

入学以后，爸爸工作之余，时常写信给我，鼓励我好好学习。有一个学期，我电工考试成绩不好，他知道后来信狠狠批评我："是否分散了精力，学习受影响？或是有空头政治的倾向？你要再三记住，力加避免。你学不成专业，你就没有实现党和国家的期望，有负于党和国家的期望。"后来我的学习成绩有了提高，他又来信鼓励我，并赠我两句毛主席的话："虚心使人进步，骄傲使人落后"，教育我继续努力。

爸爸平时最痛恨讲空话的人，要求我们不论学习、工作都要扎扎实实，警惕空头政治的倾向。我入学不久，毛选四卷出版了，学校里掀起了学习高潮。但我们这些青年人有时学风不够端正，往往只对读书的篇数、心得笔记的字数感兴趣，我在信中也免不了露出一些生吞活剥地引用语录的现象。爸爸看出了这个苗头，在信中写道："理论学习必须联系实际……学习毛主席著作亦不要满足于一些现成的语句和条文。最主要的是了解其实质与精神，所谓带着问题学习毛主席著作，绝不是只从书本上找现成的答案，历史是向前发展的，事物是多样性的，因此就不可能要求前人给我们写成万应药方。"后来，当林彪反党集团阴谋败露，我们认清了他们那一套反动学风的罪恶本质的时候，想起爸爸的这些话，是多么亲切呀！

我在学校期间，担任班里的党小组长。社会活动较多，学习上压力又大，工作中曾产生过急躁情绪。当这种情绪流露时，爸爸又在信中及时警

告我说："不要只是用口号去要求别人，那样只会使自己脱离群众，使自己成为一个空头革命家，而应该以实际行动去影响别人。"每逢假期回家，他总要详细问我与群众关系如何。有次放假，车上人很多，我把座位让给了一个老大爷，自己挤在过道上站了一天一夜，回到家就病了。爸爸知道了缘由以后，对我说："你做得对！能吃苦，这很好。我们像你这样大年纪，哪有火车坐呀！"

进入大学三年级以后，功课负担更重了，这对自己的毅力是个考验。我时常用爸爸写给我的一段话："你要有愚公移山的精神，刻苦钻研科学技术，不患不成而患不坚持耳"来激励自己。就是这一年，苏联召开了"二十二大"，霸权主义嘴脸更加暴露无遗，中苏论战也公开化了。爸爸来信中愤慨地写到苏联背信弃义，撕毁合同，撤走专家，妄图压我们就范的罪恶行径。并明确指示我："要学习周总理在'二十二大'的致辞，这里完全体现我党中央坚持莫斯科宣言和莫斯科声明的立场——马克思列宁主义的态度。"在1961年国庆节的来信中，又写道："你们应努力学习，为国家争口气，赶上世界尖端科学，把国家经济建设及国防建设搞好。这已成为我们回击霸权主义的落脚点。"从这些话里可以看出，爸爸写信时是多么激愤，对我们的期望是多么殷切啊！

我们青年人本应奋发图强，更加刻苦地为革命而学，为革命而专，尽快地掌握尖端科学技术，回击霸权主义的讹诈。但是由于政治上的幼稚和短视，学校中曾一度出现过只强调红而忽视专的倾向。同学中对红与专的关系认识比较混乱，时常引起争论。党中央、中央军委发现了这一苗头，及时作了纠正。1961年暑假，我和爸爸谈起这些情况，他十分重视，专门同我和刘太行、邓先群等几个同学谈了这个问题。他说："你们这些人的责任是很大的，如果将来发生战争，就得要你们拿出东西来。你们这些人的政治任务就是要专，要使自己成为社会主义的专家。红不是空洞的东西，而是要落实到实际工作和斗争中去，对你们学习国防科学技术的人来说，就是要落实在专业上。谁要是真正的红，谁就应当成为一个真正的又红又专的专家，为我国的国防工业做出一些贡献。我们现在非常缺乏专家，我们有许多现代化的企业没有搞好，或是搞坏了，其中一个原因就是缺少专家，缺少科学知识。"

爸爸还谈到了学校政治工作的任务，他说："红要带领专，要保证专的实现，要帮助专，要实现专的要求。一切政治工作都离不开这个目的。专业技术院校如果不用更多的时间学专业技术，就专不了。不专，红就是空的。我们部队的高级技术学校，培养专门人才，这是一个政治任务。学校政治工作要保证这个任务的完成，要保证学好毛泽东思想，指导自己的专业。做不到这一点，思想政治工作就不算落实。"

爸爸的这次谈话，给我印象极深，使我更加坚定了克服困难，学好专业的决心。在我上大学期间，爸爸给我的十几封亲笔信和许多次谈话，总是这样严格认真，而又耐心周到。要知道，这些信是在他工作十分繁忙的情况下，在疾病的折磨下写的呀！记得有一封信，字迹潦草，看得出手抖得很厉害。过后知道，当时爸爸果然患了病，是卧在病床上写的。

1963 年 12 月 1 日早晨，学校突然通知我回北京。我的脑子轰地一下，顿时紧张起来。爸爸多次患病，妈妈从来没有让我请假回过家。这次让我马上回去，一定是病情恶化了。列车在飞奔，我却觉得它像老牛一样慢。我暗暗地希望，爸爸能像过去一次又一次地战胜病魔一样，转危为安。

我来到医院，走近病榻，看见爸爸正在昏迷中，由于缺氧，他的手和嘴唇都紫了。他醒来，认出了我，艰难而不悦地说："为什么没放假就回来了？我的病有医生护士照顾，你们要安心学习，不该请假来看我。"我含着眼泪解释说，别的同学父母病重，也允许请假回家的。医生和护士同志，也都说应该回来看看。可是爸爸说："东进，你是革命干部的孩子，对自己应当要求更严格……"

爸爸以惊人的毅力与病魔搏斗着。只要神志稍一清醒，他就让工作人员读报、读文件给他听。只要呼吸正常一点，就不用氧气袋。他一次又一次地挣扎着坐起来，要下床去，他对护士说："谁也不要阻拦，只要能下地站起来，我就胜利了！"在这种情况下，他仍然关心着我们的思想和学习。妹妹们去看他，只要情况稍好一些，他就要检查她们的功课，要她们读外语，帮她们纠正发音。

那些日子我总在想，爸爸不能离开我们，还有一年多我就要毕业走上工作岗位了，我一定要好好为党工作，绝不辜负他对我们的一片心血。可是，无情的病魔却夺去了他的生命。临终前他只给我们兄妹留下一句话，

那就是要永远听毛主席的话，无论在多困难的情况下，都要跟毛主席走，把红旗打到底……

（罗东进）

"带着问题学毛选，这句话有毛病"
——罗荣桓和林彪

罗荣桓同林彪相识，是在 1928 年 4 月朱德、毛泽东井冈山会师的时候。当时罗荣桓在三十一团，林彪在二十八团。1930 年 2 月，林彪任红四军军长，随后，罗荣桓任红四军政委，两人便开始共事，直到 1938 年 3 月林被阎锡山部队误伤返回延安。其间，除了从 1933 年 5 月到 1935 年 9 月，罗荣桓不在一军团外，两人一直在一起。再加上东北解放战争的 4 年，他们在战争年代共事达 10 年之久。长期以来，罗荣桓在军事指挥上一直是尊重林彪，在工作上也是支持他的。但他同林彪也存在着矛盾和隔阂。

1931 年 8 月，在第三次反"围剿"期间，有部分伤员和俘虏以及缴获的枪支因来不及转移而被敌人搞走。在敌我之间战线经常流动的环境中，发生这样的事是很难避免的。然而，罗荣桓作为红四军政委，却主动承担了责任，作了自我批评。可林彪作为军长，不仅不作检讨，反而趁势将责任统统推到罗荣桓身上。在辽沈战役中，林彪曾因敌人增兵而打算改变毛泽东关于南下北宁路打锦州的决策，建议将围困锦州的部队调去打长春。罗荣桓对他进行了劝说。事后，在给中央的报告中，罗荣桓又用自己和林彪的名义，就此作了自我批评。罗荣桓在行文时语气尽管十分委婉，却引起林彪极大的不满。事后，林彪对罗荣桓一直耿耿于怀，常常说一些讽刺挖苦的话，什么"你立功啦"，什么"你前程远大啦"，如此等等。

到 50 年代末期，随着林彪权势的上升，罗荣桓对他倒反而日益疏远。有时罗荣桓到一地，知道林彪也在，也只是约了贺龙、聂荣臻等去作一次礼节性拜访，如此而已。

正因为罗荣桓对林彪一直采取保持一定距离的态度，长期以来，倒也相安无事。

1959 年 9 月，林彪上台不久，在军委扩大会议上说："……学习毛泽东著作，这是捷径。这并不是捧场，不是吹毛主席的。这是告诉你们一个学习的简便的窍门。"从此，林彪就把"捧场"和"吹"，把搞个人崇拜当作夺取党和国家最高权力的"简便的窍门"。

1959 年年底，林彪杜撰了一个名词——"三八作风"，它指的是 1939 年毛泽东给抗日军政大学的两次题词，即：坚定正确的政治方向，艰苦朴素的工作作风，灵活机动的战略战术和团结、紧张、严肃、活泼。林彪说："什么事总要搞个数目字"，于是将这三句话、八个字捏在一起，名之曰"三八作风"。当时，总政治部主任谭政就此提出"三八"这个简称容易同三八妇女节相混淆，需要再斟酌斟酌。

谭政这一意见，本来属于技术性问题，但是却遭到听不得一点不同意见的林彪的嫉恨。

1960 年年底，根据林彪的意见，谭政被免去总政治部主任职务。由谁来接替呢？毛泽东将总参谋长罗瑞卿和总政副主任萧华请到中南海去商量。罗瑞卿和萧华都建议由罗荣桓复出。毛泽东立即同意。于是中央决定，由罗荣桓重新出任总政治部主任，谭政改任副主任。

任命罗荣桓为总政治部主任，并不合林彪的意。他竟然一直不让在报纸上公布。

罗荣桓对于这一切都感到突然。10 月间的军委扩大会议，他因病没有参加。批判谭政，事先林彪对他连招呼也不打一个。

罗荣桓认为，谭政尽管在工作上也会存在这样那样的缺点，但是不同意说谭政反党反毛主席。他在政治学院的一次会议上曾用迷惑不解、想不通的口吻说："他（指谭政）跟主席工作那么多年了嘛，怎么会发生反对毛主席的问题？"然而，在当时的历史条件下，他也只能用这样的方式提出疑问。从组织原则上讲，他仍然要服从中央军委作出的决定。

谭政被降职后，罗荣桓同他谈话，鼓励他说："要振作精神，抬起头来，继续工作嘛！不要这样垂头丧气的。"

谭政望着这位秋收起义爆发前即已相识的老战友，有点困惑地说："我现在又能干什么呢？"

"你可以下去搞调查研究，发现了问题就及时向中央和军委报告。"罗

荣桓热情地向他建议。

林彪为什么要策划这一起"批谭事件"？仅仅是因为谭政关于将"三八作风"和三八妇女节联系起来的意见触犯了他的尊严吗？不。林彪策划这一事件的矛头所及其实也包括了罗荣桓。由于历史条件的限制，罗荣桓当时对林彪的意图还不可能看清，但也并非毫无感觉。1960年10月28日，他在政治学院就意味深长地说："傅钟同志在1952年发表一篇文章，说学习理论要先学后联，不能立竿见影，登在《八一杂志》上。这样说，是我在总政治部当主任的时候了。"他没有再说下去，但话的意思很清楚：是不是要找后台啊？那么，学理论究竟能不能"立竿见影"？罗荣桓在这次讲话中还没有表态。但是他针对林彪攻击"系统的"学习是"教条主义"却讲了一段话。现在保存下来的讲话记录稿如下：

> 什么叫系统？从实际出发研究理论，而不是从经验主义出发。以经验主义的态度学理论不行。看问题不要带片面性，所以许多东西都要很好解释。

这是一份原始记录。从语气看来，有遗漏，但意思很清楚。一开始，罗荣桓用问答式给系统（学习）下了个定义，认为"从实际出发研究理论，而不是从经验主义出发"就叫做"系统学习"。由此可见，系统学习并非教条主义，而反对系统学其实倒是经验主义。罗荣桓所说"看问题不要带片面性，所以许多东西都要很好解释"，显然是不指名地也是比较委婉地驳斥了林彪攻击系统学习为"糊涂观念"的谬论。

罗荣桓认为，系统学习和从实际出发是一致的。因此，系统学习毛主席著作就要从中国革命的实际出发。中国革命的实际表现为中国共产党生动活泼、有血有肉的历史。所以，学习毛主席著作就要结合学习中国共产党的历史，以党史为线索学习毛主席著作。这就是从50年代起，罗荣桓不断提倡的"一条线"的学习方法。

罗荣桓认为，只有按照"一条线"的学习方法，才能了解毛泽东某一论断是在何种历史条件下针对什么问题而发，才能学到毛泽东思想的立场、观点、方法，而不是个别词句。这种学习方法同林彪的"带着问题学"是水火不相容的。

到 1961 年 1 月，罗荣桓刚刚重新接任总政治部主任的时候，对"带着问题学"作了明确表态。这时，济南军区政委梁必业调到总政任副主任，罗荣桓在同他谈话时指出："带着问题学，就是要到毛选中去找答案。这样提不适当。比如两口子吵架，发生了问题，如何到毛选中去找答案？还是应当学习立场、观点、方法。"梁必业在总政办公会议上传达了罗荣桓的意见。

对林彪的"顶峰"论，罗荣桓也明确表示不赞成。他对总政干部部部长甘渭汉说："把毛泽东思想说成是当代思想的顶峰，那就没有发展了？毛泽东思想同马列主义是一样的。马列主义向前发展了，毛泽东思想也要随着时代的发展而发展嘛！"

然而，林彪在错误的道路上却越走越远了。他不仅坚持他那个"带着问题学"和"立竿见影"，而且，到 1961 年 1 月，又添加了几句话，拼凑了一套所谓学习方法，后来又被吹嘘为"三十字方针"。于是，林彪这一套在形态上更加完备了。

然而，罗荣桓仍然认为这一套并不恰当。2 月 2 日，他接见《解放军报》负责干部时，除强调要学习毛主席著作的精神实质外，又提出"对林总的宣传要认真负责"的问题。他认为，把林彪"随便讲的一些话"，"不分场合地报道出来，是不好的"。他说："今天这样讲，明天可能不这样讲。客观认识是反反复复的。就那么准确？那就难了。"他这样讲显然是有所指的。关于林彪这一套究竟如何，还需要通过调查研究来解决。

1961 年 3 月 22 日，罗荣桓视察部队后回到北京。过了几天接替欧阳文任《解放军报》总编辑的李逸民带了和谷岩写的一篇关于罗荣桓和贺龙元帅视察部队的新闻稿小样来到罗荣桓家里，请他审阅。

罗荣桓接过新闻稿小样，一看导语是："罗荣桓元帅在接见两个学校负责同志时指出……"不禁皱起眉头。他一贯不赞成突出个人，不喜欢在报纸上出现自己的名字。他对两任《解放军报》的总编辑都交代过，在报纸上登他的活动、登他的照片，都必须经过他本人同意。

罗荣桓接着看这篇报道的内容，第一段是讲搞好调查研究，第二段是讲学习毛主席著作。报道写道："对学员提学习要求要区别对象、区别水平，不要作一般化的要求，用一把尺子去要求。对于没有党史知识的学员，可以先讲点党史，以党史为线索去学习毛主席著作……"

  这一段话基本上是按照他在长沙政干校讲的原话整理的。罗荣桓又反复看了两遍，然后把稿子放到茶几上，沉思起来。

  李逸民生怕这篇稿子又像过去一样，因为提到他的名字而被他所否定，心中有些忐忑不安。不料，这次罗荣桓却非常干脆。他沉吟了一会儿，然后拿起铅笔，在小样上只改了几个字，便交给了李逸民，同意发表。

  李逸民见状若有所悟。他联想起今年2月2日他调到报社不久，罗荣桓曾在报社处以上干部会议上就如何学习毛主席著作做了一个讲话，具体阐述了他一贯倡导的以党史为线索的学习方法。罗荣桓特别强调，学习毛主席著作要领会精神实质，不要断章取义。李逸民对此讲话印象很深，感到这一提法同林彪提出的"背警句"、要"带着问题学"、"立竿见影"等明显不一致。或许正因为这是一个原则问题，必须旗帜鲜明，罗主任这一次才破例同意发表这一篇提到他名字的报道吧？

  3月28日，上述新闻稿在《解放军报》头版明显位置发表。这无疑是给林彪打了一个招呼。

  4月下旬，传来了林彪视察部队的指示："《解放军报》应经常选登毛主席有关语录。"

  当时，林彪的"指示"是不能不执行的。《解放军报》准备从五一开始，刊登毛主席语录。看来，向林彪提意见已经刻不容缓了。

  4月下旬，罗荣桓接到通知，军委将于30日召开一次常委会议，其中有一项议程是讨论《合成军队战斗条例概则》（草案）。会前，罗荣桓审阅了这个草案，看到上面已全文套用了林彪"带着问题学"那几句话。他在这几句话下用铅笔画上了粗粗的一道，决定带病去出席会议。

  4月30日上午，军委常委第二十六次会议在三座门俱乐部会议厅召开。会议由林彪主持。

  前面几个议程很顺利地通过了。接下去是讨论《合成军队战斗条例概则》（草案）。林彪虚应故事地问大家还有什么意见。停了一会儿，罗荣桓发言：

  "'带着问题学'毛选，这句话要考虑，这句话有毛病。"

  罗荣桓对"带着问题学"有异议，林彪早有所闻。但是他没有料到，罗荣桓竟会把这个问题提到会议上来。

  林彪竭力使自己保持镇静，佯作不知地问道："这句话在哪里呀？"

罗荣桓示意坐在他斜对面的总政副主任梁必业将"概则"的有关段落读了一遍。

林彪的脸色难看了。他感到十分难堪，可又不便发作，便抬起头来，目光凶险地盯了罗荣桓一眼，问道：

"那你说应该怎么学呀？"

罗荣桓坦率地说："应当是学习毛主席著作的精神实质。'带着问题学'，这句话改掉为好。"

罗荣桓讲完后，林彪半晌不吭声。看来，他是想等一等，等别人发言支持他，他再表态。然而，几分钟过去了，无人发言。林彪无奈，只好阴阳怪气地说："不好，就去掉嘛。"

罗荣桓看到这次林彪尽管勉强，但毕竟是接受了别人的意见，很是高兴，于是接着说：

"还是去掉好。学习毛主席著作一定要从根本上学，融会贯通。要学习立场、观点、方法，紧密联系实际……"

"好吧，散会！"林彪终于按捺不住了，没等罗荣桓说完，便粗暴地打断了他的话，宣布散会，接着便站起身，拂袖而去。

与会者面对林彪的突然发作，都怔了。罗荣桓对于林彪如此粗暴无礼，非常生气。他尽力克制自己的怒气，手有点发抖地将文件装进公文包，然后步履沉重地离开了会议室……

回家以后，罗荣桓心情十分不好。他几天来一直在思考这个问题，散步时还不时自言自语："讨论问题嘛，为什么这个样子！难道学几条语录，就能把部队建设搞好？"林月琴问他是怎么回事，他又摇头不语。

5月1日，按照林彪的指示，《解放军报》开始刊登毛主席语录，要求内容与当天报纸版面相吻合，以便大家"活学活用"。为了完成这一任务，报社抽出专人每天查找语录。但有时把毛选从头翻到尾，也找不到合适的。语录一连登了几天后，就难以为继了。李逸民感到这是林副主席交代的任务，选又选不出，不选又不行，十分为难，便又去向罗荣桓请示。罗荣桓立即明确答复："办报纸主要是贯彻毛主席《对晋绥日报编辑人员的谈话》的精神。至于毛主席语录，找几条可以，找不到也可以。毛主席著作不可能对现在的什么事情都谈到。要学习精神实质，不能像和尚念经，敲破了木鱼，还不知道西山佛祖在哪里呢？"

听罗荣桓这么一说，李逸民如释重负，高高兴兴地走了。但罗荣桓仍沉浸在思考之中。

对这一个重大原则问题，既然林彪听不进不同意见，那就只好向中央反映了。于是，罗荣桓拿起了电话机，要通了总书记邓小平的电话。

邓小平接到电话后，感到罗荣桓所反映的问题十分重要，便拿到书记处会议上讨论。经过讨论，大家一致赞成罗荣桓的意见。

林彪自从4月30日怒气冲冲离开会场后，一直是十分烦躁，要对罗荣桓进行报复。而他以为他手上已有了足以给罗荣桓扣"反党"帽子的材料。这要回过头来再从1960年军委扩大会议结束以后说起。

罗荣桓1960年10月28日在政治学院干部会议上的一个讲话中曾说："我们军队有一些人不太关心地方工作。过去部队每到一个地方就进行社会调查，了解情况，现在根本没有了。在山东，农村劳动力减少了20%，牲口由600万降到200万。许多土地荒掉了。部队为什么不反映情况？"他气愤地说："这样大的灾荒，一平二调共产风，不反映怎么行！"

11月2日上午9时，总参动员部部长傅秋涛一行3人到罗荣桓家里，向他汇报晋、冀、鲁、豫、辽和北京6省市民兵工作座谈会的情况。汇报中，傅秋涛反映，某省军区一位副司令员今年8月带了动员处长等人到一个县检查工作，了解到该县非正常死亡人数，回来后未向党委反映。有一个秘书问动员处长，为什么不反映，动员处长说："首长不敢反映，我也不反映。"

听了傅秋涛的话，罗荣桓的心情很沉重。他严肃地指出，不反映情况，"其实是党性问题"。他说："中央的政策、指示，现在有些贯彻不下去。比如三级所有，中央早有决定。他就是不办。在这种情况下你反映了情况还能划你右派？这是个党性问题，也是个群众观念的问题。"

送走傅秋涛后，罗荣桓的思绪仍沉浸在刚才的谈话之中，当晚夜不能寐。

第二天，中共中央发布了由周恩来主持起草的《关于农村人民公社当前政策问题的紧急指示信》（简称"十二条"），决定在全国农村开展以贯彻这一指示信为中心内容的整风整社运动，以"坚决反对：（一）贪污，（二）浪费，（三）官僚主义。彻底纠正'共产风'、浮夸风和命令风。反对干部特殊化。反对干部引用私人、徇私舞弊、打骂群众的国民党作风"。

收到这一信件后，罗荣桓立即打电话将萧华请来，研究在军队如何贯彻，决定发一个关于做好驻灾区部队和家在灾区人员政治思想工作的指示。他还针对指战员对农村工作中刮共产风、强迫命令风、浮夸风、瞎指挥风和特殊化风有不少反映的情况，要求萧华以总政治部名义写个建议："各地驻军除接受当地党委领导、在当地党委领导下直接参加一些地方工作、虚心学习地方工作经验外，还应经常关心地方工作，及时向当地党委反映驻地附近人民群众的政治思想动态，地方工作中执行中央指示的情况和急需解决的问题。军队各级政治机关应把这一工作当成自己执行工作队任务的一项重要内容。"

这一建议于 1960 年 11 月 7 日上报后，很快得到了书记处的同意。总政立即向部队做了传达。

军队干部向地方工作提意见，殷鉴不远，彭德怀已经做过了，结果被说成是组织了不研究军事的"军事俱乐部"，也就是"反党集团"。如今罗荣桓又授意总政就此问题向中央写了报告，还普遍往下传达……林彪可能以为这一下可抓住了什么把柄了。11 月 10 日，他很快向毛泽东写了一个报告。这一报告貌似公允，先抽象地肯定了一句："这个建议的出发点是好的。"然后便危言耸听地说："……这个通令发下去后，各地驻军与地方党委的关系容易弄坏，对于党的统一领导等不利，造成军队在党外来干预党的工作的情况。"接着，报告便棍帽齐飞，大张挞伐，"军队干部很容易受家庭和富裕中农的影响，对地方工作妄加非议，而形成主观主义的乱讲。军队有很多干部的资格比当地负责干部老，结果形成老资格出来干涉地方工作，会使党的干部受到很大压力，以致可能发生全国性的军队与地方对立，造成军队对地方妄议的潮流，而不利于工作。"

11 月 15 日，毛泽东批示萧华，"照林彪同志意见办理。"

既然毛泽东已经批了，罗荣桓和总政机关都得遵照执行，这件事也就了结了。可是，到了 1961 年 6 月间，林彪为了报复和打击罗荣桓，又将这件事翻腾了出来。

一天，海军一位干部来到林彪家里向林汇报工作。林彪埋坐在沙发里在听汇报。中途，罗瑞卿来到。林彪有气无力地伸出右手一指，示意罗瑞卿在他旁边的一张沙发上就座。海军那位干部在汇报中说到罗帅在福建前线曾对部队指示，1961 年工作的中心是"四抓一调查"时，林彪打断了他的话，吼道：

"什么四抓一调查！这种话哪年都不犯错误！但是，什么问题也不能解决！"

"四抓"就是抓思想、训练、作风和生活，这本是林彪自己所提"创造四好连队"的内容，"一调查"就是大兴调查研究之风，这是毛主席当时的号召。这究竟有什么错，会惹得他发这么大的火。他们哪里知道，这只是林彪歇斯底里大发作的一个由头。果然，接下去林彪就咬牙切齿地说：

"罗荣桓的思想可不对头呢！他躲着我，主张军队向地方开炮，这不是反党吗？"

听到林彪给罗荣桓扣"反党"的帽子，罗瑞卿等都以沉默表示不同意。

林彪见他们两人都不表态，突然转过脸来对着坐在他身旁边的罗瑞卿，恶狠狠地说：

"听说你也是这样主张，我就反对你们！"

风暴突如其来，罗瑞卿毫无思想准备。但是他看过总政给中央的报告，那根本与"开炮"风马牛不相及，便直截了当地回答："我没有。"

林彪咄咄逼人地反问："没有？怎么没有？有文件为证。"

罗瑞卿只好说："要是查到我有此主张，我就承担责任。"

海军那位干部见此情景，因为不了解情况，也不便说什么，便起身告辞。林彪一面同他握手，一面说："就照我刚才说的搞，别的都不要听。一个新生事物，总是有人反对的。"

到了第二天一大早，林彪又给罗瑞卿打电话说，为了保护罗荣桓的健康，他昨天对罗荣桓的"批评"现在不要公开。他关照罗瑞卿不要向任何人讲。

所谓"为了保护罗荣桓的健康"，这显然又是骗人的鬼话。由于罗荣桓在党内有崇高的威信，林彪实际上是怕整罗荣桓非但不会得到毛泽东的批准，弄不好还可能搬起石头砸了自己的脚。

林彪一面嘱咐罗瑞卿等不要"公开"他对罗荣桓的"批评"，一面继续攻击罗荣桓。他在同另一些干部谈话时，除了给罗荣桓扣上反党的帽子外，还说罗荣桓反对"带着问题学"就是反对毛主席。他也同样关照这些干部，为了照顾罗的健康，不要告诉任何人云云。当时，罗荣桓病已很重。那些听到林彪攻击罗荣桓的干部自然不便于也不忍心向他提这件事。因此，罗荣桓直到去世也没有料到，林彪竟在他背后向他施放那样恶毒的暗箭。

由于罗荣桓挺身而出，首先反对了林彪把毛泽东神化、把毛泽东思想庸俗化、教条化的那一套，而由邓小平主持的书记处又明确表示支持罗荣桓的主张，林彪深知这将成为他夺取党和国家最高权力的极大障碍。因此，他对邓小平、罗荣桓便耿耿于怀、恨之入骨。到十年动乱开始的时候，邓小平遭到严重打击；罗荣桓尽管逝世将近3年，但林彪对他仍不放过，而叶群在其间又起了特别恶劣的作用。

历史是最公正的审判官。林彪一伙早已被永远钉上历史的耻辱柱。而罗荣桓的高风亮节，随着时间的推移，越发显现其璀璨的光辉。人们在十年动乱中见识了林彪"万岁不离口，语录不离手，当面说好话，背后下毒手"的丑恶嘴脸之后，在经历了十年动乱，经历了实践是检验真理的唯一标准的讨论，破除了两个"凡是"之后，便更加怀念罗荣桓这位曾经挺身而出，同林彪进行原则斗争的先驱者。

（黄　瑶）

编　后　记

　　20世纪的中国是一个风云际会、英雄辈出的伟大变革时代。伟大的时代造就出灿若群星的历史伟人。人民军队中功勋卓著的罗荣桓元帅就是这些伟人中的一个。

　　作为人民军队中的一代伟人、著名战将，他一生中同党内外、国内外、军内外各种人士有着十分广泛的交往，有的是在硝烟弥漫的战争年代，有的是在轰轰烈烈的社会主义革命和社会主义建设时期，有的是在变幻莫测的外交场合，有的是在蒙冤受屈的荒唐岁月，有的是在工作中，有的是在生活中。几十年来，曾经同他有过交往的同志和人士，撰写了大量的回忆书籍和文章，叙述昔日交往中的逸闻、趣事。本系列丛书就是从这些大量的书籍或文章中精选精编成册的。此外，还有相当一部分文章是新约写或由编者撰写的。

　　在编选过程中，我们在尽可能地保留文章原有风格的前提下，根据本书的整体需要，对所有的文章作了必要和程度不同的节录、删改、改编，对有明显文字、观点和史实性错误之处作了修订。文章的标题绝大部分是编者拟定的。